# 长大成人

[加] 凯塔琳娜·马纳西斯 著
（Katharina Manassis）

陈 烽 译

Launching
Your Autistic Youth
to
Successful Adulthood

## 孤独症谱系青少年转衔指南

华夏出版社
HUAXIA PUBLISHING HOUSE

谨以此书

献给我在儿科和心理健康领域工作的同事们，

感谢他们对孤独症谱系孩子及其家庭给予的鼓励、支持，

感谢他们付出的所有努力；

献给孤独症谱系孩子的家长，

我在讲述他们走过的历程时，

从他们身上学到了很多东西；

献给孤独症谱系孩子们，

其中也包括我的儿子，

他们的勇气和毅力一直都激励着我。

# 目　录

前　言

　　为什么本书有助于您为孩子提供帮助和支持?······················1

　　本书内容适合我家的孩子和我家的情况吗?······················2

　　本书可以提供怎样的帮助?····················································4

　　如何使用本书?··········································································5

## 第一部分　在转衔过渡阶段可能面临的挑战以及需要明确的目标

### 第 1 章　孤独症谱系障碍青少年在转衔过渡阶段面临的挑战············2

　　本章主要内容··············································································4

　　高中毕业以后少了什么?··························································5

　　身为谱系人士家长，您有哪些感受?······································6

　　高功能谱系人士过得就不那么艰难了吗?······························8

　　哪些因素决定孤独症谱系青少年是否能够平稳过渡?········10

　　干预项目和个案经理······························································12

　　罗伯特的故事还没结束··························································13

　　不要放弃希望··········································································15

　　拾贝·宝典··············································································17

### 第 2 章　明确目标——谁来定义什么是平稳过渡····························19

　　理解不同角度，学会换位思考··············································20

什么时候开始设立目标? ················································· 24
为什么不把这个工作交给专业人士? ······························ 27
情绪有抵触,目标不现实 ············································· 28
沟通策略 ····································································· 30
除了目标,还有生活 ···················································· 35
拾贝·宝典 ·································································· 36

## 第二部分　家长如何帮助孩子平稳度过转衔阶段

### 第 3 章　如何帮助孩子自立 ················································ 38
为什么提高独立性会比较难,应该怎样帮助孩子? ········ 38
可能会出现什么问题? ················································· 40
帮助孩子走向独立 ······················································· 45
应该什么时候替孩子争取权益? ··································· 47
谁来帮助家长提升孩子的独立性? ······························ 48
评估孩子的独立生活技能水平 ······································ 50
帮助孩子学习具体的独立生活技能 ······························ 52
学习新技能要分清轻重缓急、要给予表扬鼓励 ············ 54
拾贝·宝典 ·································································· 55

### 第 4 章　选择最理想的教育形式 ·········································· 57
高中阶段未雨绸缪 ······················································· 57
如何与高中老师高效合作? ·········································· 61
搬走毕业路上的绊脚石 ················································ 63
哪种继续教育形式最好? ············································· 65
孩子继续学业需要什么样的支持资源? ······················· 70
要不要坦白孩子的情况? ············································· 73
如何与大学老师合作? ················································ 73
拾贝·宝典 ·································································· 75

## 第 5 章 选择最理想的就业形式 ……………………………… 76

- 找工作的时候哪些因素会起作用？…………………………… 76
- 不同的就业形式 ………………………………………………… 78
- 通过关系网找工作 ……………………………………………… 80
- 求职过程中的辅助 ……………………………………………… 83
- 需要找一家职业介绍所吗？…………………………………… 88
- 孩子需要参加求职培训吗？…………………………………… 90
- 如何帮助孩子保住工作？……………………………………… 91
- 不要放弃！……………………………………………………… 92
- 拾贝·宝典 ……………………………………………………… 94

## 第 6 章 提高生理和心理健康水平 ……………………………… 96

- 为什么孤独症谱系障碍人士的健康状况需要格外关注？…… 98
- 儿科医疗和成人医疗有何区别？……………………………… 99
- 为孩子接受成人医疗做好准备 ………………………………102
- 如何与成人医疗专业人员合作？………………………………105
- 如何应对慢性病？………………………………………………106
- 如何应对新发/突发病情？……………………………………108
- 如何做好预防保健？……………………………………………110
- 家长的角色：还有一点点思考 ………………………………112
- 拾贝·宝典 ………………………………………………………113

## 第 7 章 提高社会适应性 …………………………………………115

- 形形色色的社会关系 …………………………………………116
- 如何帮助孩子与高中时代的朋友保持联系？…………………121
- 一个好的互助组织有哪些构成要素？…………………………123
- 孩子加入网络"社区"，家长应该如何应对？………………124
- 孤独症青年约会需要哪些建议？………………………………126
- 如何保护孩子不受伤害？………………………………………128

如何避免孩子惹上官司?·················130

　　　拾贝·宝典··················132

**第8章　支持资源汇总**·················**134**

　　　可以考虑的针对孩子的支持资源·················134

　　　如何说服孩子加入?·················137

　　　选择专业人士的时候需要注意什么?·················139

　　　什么样的帮扶项目会对孩子有帮助?·················142

　　　政府如何提供帮助?·················144

　　　能够为家长提供支持的亲朋好友是什么样的?·················146

　　　家长应该加入互助组织吗?·················148

　　　什么是临时看护,从哪里找?·················151

　　　接下来要怎么做?·················152

　　　拾贝·宝典··················153


## 第三部分　未雨绸缪

**第9章　长远打算——财务方面**·················**156**

　　　孩子的未来还不明朗,家长如何进行长远规划?·················156

　　　为了孩子将来的需要,家长应该如何攒钱?·················160

　　　关于财产事务,应该告知孩子多少?·················163

　　　家长必须申请监护权或者办理财产授权书吗?·················164

　　　如何保证家长去世之后孩子还可以继续享受政府福利?·················165

　　　家长应该请信托公司介入吗?·················166

　　　家长遗嘱应该包括哪些内容?·················167

　　　拾贝·宝典··················171

**第10章　长远打算——社交方面**·················**173**

　　　能不能等到教育和就业都安顿好了再去考虑社交的事?·················173

孩子失去好朋友会怎么样? ·················································· 174

如何帮助孩子与支持性团体建立联系? ········································ 175

自立门户，都有哪些形式可供选择? ·········································· 178

孩子独立生活都需要什么? ···················································· 180

如何确定哪一种生活安置形式最适合自家孩子? ······························ 181

如何判断孩子需要什么程度的辅助? ·········································· 183

让孩子与家人同住怎么样? ···················································· 186

孤独症人士能结婚吗? ························································ 187

拾贝·宝典 ····································································· 189

## 第 11 章 保持韧性、理性务实、不要绷得太紧 ·································· 192

转衔过渡是整个家庭的事 ····················································· 192

如何察觉自己要被压垮了? ···················································· 193

有助于缓解无力感的活动和态度 ·············································· 194

关心另一半 ····································································· 197

如何帮助家里其他孩子面对这些问题? ········································ 199

孤独症孩子在家里的角色定位和心理弹性 ····································· 201

成人路上的不断纠偏 ·························································· 203

期望值要现实 ·································································· 206

拾贝·宝典 ····································································· 207

# 前　言

"我儿子高中毕业以后，好像突然就无处可去了。"

——我在一次孤独症孩子家长组织活动上的发言

您也有过这种感觉吗？也有这样的担心吗？孩子从学校毕业以后，不再有熟悉的老师、助教、教练、朋友陪伴，他的将来会怎么样呢？在他长大以后，进入成人的世界，谁来接替这些人继续辅助他呢？孩子要如何面对这样的人生巨变呢？作为家长，您要做好哪些准备呢？

如果您是孤独症谱系孩子的家长，如果您也在担心这些问题，请相信，您不是一个人在战斗。对于谱系青少年来说，从高中到成年这个过渡期是最艰难的一个阶段（Coury et al., 2014）。在这个阶段，孩子的发展常常进入平台期，甚至还会出现倒退，亲子关系也可能会变得非常紧张。生活不再像上学时那么有规律，而这一阶段的支持资源可能还不够充分。

如何帮助孩子平稳度过这一阶段，学会自理、自立，让他们不但能够处理眼下的事情，还能在遥远的将来——在您故去之后，也能独立生活呢？这就是本书重点要谈的问题。

## 为什么本书有助于您为孩子提供帮助和支持？

您可能会好奇我为什么要写这样一本书，为什么要推荐您看这本书。主要原因有两个。首先，我经常想，要是我儿子上高中的时候就有这样的书就好了。我儿子有孤独症，还有严重的学习障碍，但是他很有趣，也很重感情。他正好处在谱系中间的位置，不算智力障碍，但是智商处在正常水平范围的临界点。他有语言，但是无法使用书面表达。他能够学习社交行为的基本规则，但是不太容易意识到自己的行为会对别人造成影响，除非有人提醒。他高中毕业之前，我本来也学习了一些方法，想要帮助他顺利过渡到成人阶段，但是这些方法要么就不太对头，要么就不适合他。我跟朋友们说起这个烦恼的时候，他们说道："那你就写一本书说说这个话题吧！"所以，我就动笔了。

还有一个原因，就是作为一名儿童精神科医生，我之前知道有很多孩子在这个阶段会过得非常艰难，但没想到能有这么多。我在郊区开了一家诊所，接过一些从当地医生那里转诊过来的个案。在这之前，当地的儿童心理健康医疗资源主要就是这些儿科医生，他们对焦虑、抑郁以及注意力缺陷障碍等心理问题了解得比较多，觉得这些问题"比较简单"，所以很少因为这些原因转诊到我这里来。但是，他们认为谱系孩子在青春期、尤其在向成人期过渡的这段时间出现的问题"非常复杂"。这些医生很信任我，希望我能在这个方面提供一些专业意见，尽管我在这个领域也没有接受过什么训练。我在帮助这些孩子及其家庭的过程中，也学到了很多东西。很重要的一点就是，如果引导得当，家长还是可以有所作为的。我写这本书，就是为了说明什么是得当的引导。

## 本书内容适合我家的孩子和我家的情况吗？

孤独症谱系障碍中大部分孩子所面临的问题，本书都有涉及。书中谈到的个案情况各不相同，智力水平、社交能力、自理能力也各不相同。诚然，对于没有语言或者智力障碍比较严重的孤独症谱系障碍青少年，我的经验不是特别丰富。但是，如果因此就说本书只是着眼于"高功能谱系"群体，也是不正确的。

孤独症已经被定义为一个谱系了（美国精神医学会，2013）[①]，这种定义更准确地体现了这个确诊人群的多样性。我不清楚您的孩子在这个谱系当中处于什么程度，但我知道，如果因为一个人的智商高于某个人为设定的标准，就把他划归为高功能，这是不公平的。我觉得，如果一个人打电话的时候，说完了"你好"就不知道该说什么，或者找工作面试的时候不能跟人对视，或者时不时就拍拍手、转两圈，以致于没法好好上课，那么不管这个人智商多高，都不能说他是高功能。相关研究也支持这一观点。孤独症的特征之一，就是其日常生活能力往往远远低于其智商水平。这种差距越大，就越有可能出现心理健康问题（Kraper et al., 2017）。

为了照顾到所有的谱系群体，我在每一章里都说明了哪些建议适合高功能孤独症群体，哪些适合典型孤独症群体[②]。如果您家孩子的程度为中等，那么这两类建议可能都适合他。

孤独症青少年是否能够顺利度过转衔阶段，还受到家庭状况和当地法律的影响。我家是单亲家庭（我先生去世了），有两个孩子，小的是孤独症，大的是普通孩子，我们住在加拿大多伦多近郊，算是在中产阶层社区。如果家庭状况是父母双全、离异家庭或重组家庭，或者经济状况不同，或者所在国家没有全民医保，转衔的经历就会大不一样。个案所在地的法律规定不同，为残障人士及其家庭在生活、教育、工作等方面提供的帮扶项目也会有所不同。

正是因为意识到了这一点，本书收集了来自不同家庭背景的案例。同时，也尽量明确了家长在什么情况下可能需要结合所在地的法律规定来考虑本书所提建议。如果家长不确定这些建议是否适合所在地区的情况，那么可以看看本地有没有经常跟孤独症或者其他发育障碍人士打交道的专业人员，向他们咨询一下。这些专业人员都是宝贵资源！

---

[①] 编注：在2013年5月美国精神医学会发布的《精神障碍诊断与统计手册（第五版）》（DSM-5）中，取消了之前的孤独症"分组"，之前分组中包括的阿斯伯格综合征等不再独立出现，而被统一称为"孤独症谱系障碍"。

[②] 译注：此处原书为"lower-functioning"，目前不再用这样的说法，没有对应的中文翻译，故译为"典型孤独症"。

## 本书可以提供怎样的帮助？

在本书中，我会结合自己的职业生涯和个人经历，谈谈孩子在转衔过渡时期经常面临的困难以及比较实用的解决方法。家长看到这里列出的问题，第一反应可能是"怎么这么多，真让人崩溃"，但是，实际上并不是每个孩子都会碰到这里提到的所有问题。而且，这些问题也不一定是同一时间一股脑儿冒出来的，所以分出轻重缓急、各个击破还是有可能的。不过，大部分孩子都不会一点儿问题都碰不上，所以如果家里有处于转衔过渡阶段的孤独症孩子，我相信这本书还是能提供一些有用信息的。

我写这本书的时候，一直在想象自己是在跟读者聊天，聊聊要怎么帮助自家的孤独症孩子。在需要的时候我也查阅了最新文献，为了方便读者了解详情也提供了参考文献，但是我的重点不在科研。一本好书，必须得吸引读者的眼球，在这一点上，讲故事常常比摆事实的效果要好。因此，我是通过实际案例来描述这些困难的。为了保护隐私，本书提到的案例，有的是综合了多个真实案例，有的是我儿子的亲身经历，经他同意被我写进了书里。我用这些案例作为引子，来讨论这些问题的解决方案。有些解决方案可能适合您家的情况，有些不那么适合（取决于您的家庭状况、孩子的障碍程度、孩子是高中在读还是已经毕业等），所以通常提供的方案不止一种。为了方便读者回顾每章重点，在每一章结尾都有"拾贝·宝典"，总结该章的重点内容。这些总结分为两类：适合高中在读孩子的、适合已经毕业孩子的。

本书分为三大部分。第一部分解释为什么孤独症孩子在转衔过渡阶段可能会面临许多挑战，以及如何让孩子明白为了将来实现自立需要设定一些目标。众所周知，十几岁的孩子都是比较叛逆的，孤独症孩子也不例外。与他们讨论未来的规划，既要有利于他们的成长，又要尊重他们的人格。这种谈话是一门艺术，所有的家长——包括我自己，都是需要学习和改进的。

第二部分就"长大成人"的几个关键方面进行详细讲解，这些方面包括自立、教育、就业、身心健康以及社会适应等。您家孩子可能在某些方面比较超前，某些方面有些滞后。第二部分各个章节有助于您来评估哪些方面需要干预，并且对如何着手提高这些方面的能力给出建议。其中最后一章（第8章）重点是如何为孩子建立一个支持体系，因为家长不是三头六臂，不可能在没有外援的情况下做到所有必需或者有益的事情。

第三部分主要讨论的是长远打算，尤其是有关财务规划和社会支持方面的问题，这是谱系人群及其家庭普遍要面临的问题。比如，家长可能都有这样的担忧：自己百年之后，孩子将何去何从，是否能够自理自立。第9章和第10章将直面这些令人忧心的问题。最后一章讨论的是孤独症谱系障碍人士的家庭成员应该如何调整心态，做到不灰心、不气馁，同时也不要让自己绷得太紧、扛得太累。

## 如何使用本书？

如何使用本书，视个案情况而定，看孩子是高中在读，还是即将毕业，或是已经毕业。如果孩子还有两三年才能毕业，那么请通读本书，提前做好转衔规划。本书将为您提供以下几个方面的帮助：

- 了解在转衔过渡阶段为什么会面临很多挑战（第1章）。
- 和孩子一起设定奋斗目标、明确努力方向，了解他们对于这些目标的看法（第2章）。
- 确保在所有关键方面都做好充分准备，避免常见误区（第3章至第7章）。
- 为孩子的转衔过渡打造一个可靠的支持体系（第8章）。
- 不懈努力、长远打算，尤其在财务规划、生活自理和社会融合方面（第9章和第10章）。
- 应对挑战的同时，注意自己、孩子和其他家庭成员的心态，既不放弃希望，也不好高骛远，提高心理弹性，培养抗挫折力（第11章）。

如果孩子马上就要高中毕业，那就快点儿看完本书！

不过，即便孩子已经毕业，那也来得及。要知道，转衔过渡阶段往往持续数年，即便环境条件都极为理想，也不会一帆风顺。但是，只要坚持不懈，还是能够有所收获。实际上，很多转衔支持资源会持续到孩子 25 岁，如果孩子一直在读书，可能还会更久。因此，如果孩子已经高中毕业——

- 可以先了解本书的第二部分内容，分析对于孩子来说，哪个方面的困难最为艰巨。
- 再找到最符合孩子情况的章节，详细阅读其中内容。
- 之后，再阅读第 8 章内容，了解如何寻求支持资源。孤独症谱系孩子面临的所有具体困难，在第 8 章都有讨论。
- 最棘手的问题解决之后，再按顺序阅读第一部分、第二部分和第三部分内容，以便更好地了解孩子的困难所在，分析下一步需要做什么。

帮助孩子度过转衔过渡时期，是一项艰巨而复杂的工程，但是毫无疑问所有的付出都是值得的。就我个人的体会来说，首先需要克服我自己的社交焦虑，这样才能为我儿子争取权益，同时还要尊重他的意愿、顺应他的节奏。成功的转衔，需要多方通力合作：谱系家庭、所在学校、大专院校、就业场所、医学专家、社工组织，当然还有孩子自己。提前了解有关转衔过渡阶段的知识，获取有关转衔问题的准确信息，与有经验的服务机构取得联系，您就可以对这个过程加以引导。而本书的目的，就是帮您做到这些。家长的努力不会白费，您将看到，自家那个虽然特别但却美好的孩子可以融入这个世界，发挥自己的潜能，在这个好像为大多数普通人准备的世界里，找到属于自己的那一方天地。让我们开始吧！[①]

---

[①] 编注：关注微信公众号"华夏特教"，即可在线浏览或下载本书参考文献目录。

第一部分

**在转衔过渡阶段可能面临的挑战以及需要明确的目标**

# 第 1 章

# 孤独症谱系障碍青少年在转衔过渡阶段面临的挑战

也许，您正在担心孩子高中毕业以后将何去何从；也许，您对未来一片茫然；也许，您的孩子已经步入成人阶段但难以适应，您很想帮助他，却不知道应该怎么做。无论是上述哪一种情形，了解一下在转衔过渡时期会碰到哪些常见的困难，都会让您受益匪浅。您的孩子所面临的一切并不是孤例个案，知道了这些困难，也许会让您感觉放松一些。在这场战争中，您和家人并不孤单。而且，了解这些困难产生的原因，可以让您更好地去应对。

首先，我们要讨论常见的困难及其原因。接下来要讲的例子比较极端，目的是让我们看到，在高中毕业到成人这个过渡阶段会出现哪些问题，提醒我们思考应该如何修正。

罗伯特是孤独症谱系障碍人士，有严重的学习障碍，但是有语言能力，也愿意学习。上高中时，他念的是专为孤独症学生设置的特殊班，有时也会在助教的辅助下回到普通班去上课。他在普通班上体育课，每天都上。他还参加了学校的皮划艇俱乐部，因为独特的幽默感，在俱乐部里还挺受欢迎的。他经常和几个朋友一起去看电影。每次看电影的时候，父母会轮流开车送他去。高中最后一年，罗伯特参加了一个校企合作教育安置项目，半天制，地点在当地一个商店，离学校很近，走路就能到。学期末的时候，他甚至夸口说自己比助教还熟悉去那儿的路。尽管有学习障碍，他在学业方面还挺高功能的。

然而，高中毕业以后，状况急转直下。罗伯特和他的父母一起约见了学校里的升学就业辅导老师，讨论了未来的教育规划。他的英语成绩不够上大学，所以这位老师建议他考虑职业学校或者接受一些职业培训。她让罗伯特的父母放心，说会有政府资助的残障人士服务组织来帮助他们寻找这些机会。他们要做的，就是提供罗伯特最近的心理评估结果。于是，他们在罗伯特毕业前几个月提交了评估结果。

然而就在罗伯特毕业的前一天，他们收到了残障人士服务组织发来的信件。信里说，尽管罗伯特确实因为孤独症导致了严重缺陷，但是没有资格享受他们的服务，因为他的智商高于75。他们的服务申请标准是智商必须低于75，不管日常生活能力如何。后来，有人给他们推荐了当地一家残障人士职业介绍所。可惜的是，这家机构的工作人员虽然在帮助肢体残障人士找工作方面很有经验，但是却从来没有接过孤独症的个案。而且，工作人员拒绝和罗伯特的父母沟通，理由是罗伯特已经超过18岁了，有隐私权。

几次找工作未果，罗伯特颇受打击，社交退缩①越来越严重。大部分时间都待在家里，玩自己喜欢的游戏。现在不上学了，也不用按时起床了，所以他经常是白天不起，晚上不睡。一边玩游戏一边吃零食，还不运动，所以体重也增加了。原来的高中同学在毕业之后也都各奔东西了。有些上了大学，有些在残障人士服务机构找到了工作，还有一些自己家里有生意，能安排工作。罗伯特很少能见到他们。除了网上的交流，也没有什么社会生活，他的语言能力和社交能力都退化了。父母想和他说话的时候，他只是嘟嘟囔囔地以示回应。

罗伯特的父母对此非常担心，虽然讨论过应该如何帮助他，但是两个人的意见并不统一。妈妈有意送他去一所私立职业学校，学费很贵，可爸爸不同意，他认为"这孩子就是懒，缺乏积极性，上再多学也没用"。他们越是争吵，罗伯特就越是退缩。不久以后，罗伯特的弟弟开始旷课，理由是："为

---

① 译注：社交退缩（increasingly withdrawan）是一种社交障碍，尤其在青少年中发生较多，具体表现是在他人面前感到不自在、回避与他人接触。

什么哥哥能待在家里，我就不行？"弟弟这一叛逆，父母吵得就更厉害了。

他们的家庭医生发现了罗伯特的退步，还注意到他的健康状况也大不如前，觉得情况不妙，于是建议他转诊去精神科。转诊原因写的是"抑郁表现，请推荐对症药物"。他还给罗伯特推荐了一个专为孤独症青少年组织的社交小组，但是罗伯特没有参加。

## 本章主要内容

罗伯特的事情给了我们一个提醒，让我们警惕高中毕业之后可能会出现的这样那样的问题，但是也不要太过担心这种事情就一定会发生在您家。很多孩子不会像罗伯特一样碰到那么多的困难，而且本书提供了很多资讯，就是为了保证让您的孩子顺利、平稳地度过这一敏感时期。

要做到这些，您的作用至关重要，但是也可能要面对很多困难。比如，孩子所在学校可能并没有为您提供任何指导建议，所以您不了解需要提前做好哪些准备，不知道相关问题的准确信息，也不知道如何联系那些有孤独症人士服务经验的机构。而且，作为一名特殊需要孩子的家长，这么多年一路走来披荆斩棘，您可能早已精疲力竭，而恰在此刻，这些新问题又接踵而来，您甚至可能怀疑自己这么多年的努力是否只是一场空。很显然，无论是对您，还是对孩子，这段时间都不轻松。

但是，如果对可能出现的问题有一定的了解，知道应该如何应对，您就有可能帮助孩子顺利度过这个阶段。本章重点：先分析为什么高中毕业是很多孤独症谱系孩子的一道坎，再探究这些困难带给家长的感受，之后解释为什么高功能孩子不见得比典型孤独症孩子过得好，最后对保证谱系孩子实现顺利过渡的相关因素和干预策略进行总结。如果您的孩子还在上高中，那么您就可以在这些方面多做努力，保证他更加顺利地度过这段时期。如果您的孩子已经毕业，正在经历这些挣扎，那么将本书中的建议付诸实践，或者在某些情况下寻求专业帮助，通过这些办法重新回到进步路上，也不是没有可能。在本章末尾，我们还会提到罗伯特的个案，以此说明即便他和家人曾经走过一段弯路，但是依然还是有可能健康度过这一阶段的。

## 高中毕业以后少了什么？

如果您的孩子已经高中毕业很久，那么对于毕业之后会出现哪些变化，您应该已经比较了解了。如果还没有毕业，那么您可能想要知道到底会发生什么变化。接下来我们就会介绍在转衔过渡时期孤独症青少年都会出现哪些状况，您可以将其与自家经历加以比较。

曾有研究将孤独症谱系青少年群体在高中毕业前后的状况加以对比，发现他们不一定会继续进步。相反，研究发现，这个阶段出现问题行为、心理问题、亲子关系紧张的比例较高，就业率较低，能够独立生活的比例也较低，与外界隔绝、没有社交生活的现象比较常见（Jackson et al., 2018; Orsmond et al., 2013; Poon & Sidhu, 2017; Taylor & Seltzer, 2011a）。当然，并不是所有人都会出现这些状况，也有成功案例，但是长大成人这条路很少一帆风顺。

这些事实听起来可能让人有些灰心，有些谱系孩子在高中毕业之后原地踏步甚至退步，而有些孩子却能发展得比较顺利，但是如果我们能够了解到底是什么原因造成这种差异，可能就不会那么泄气。原因就在于两个关键因素：结构化和支持资源（Coury et al., 2014）。生活结构化、有规律，知道自己每天要做什么，有助于谱系孩子缓解焦虑心理、保持情绪稳定。高中毕业之后，生活不像上学时候那么有规律，这会让他们感到非常不安，有些时候甚至难以忍受。上学时，无论是在学业方面还是社交行为方面，要求都是统一的、不变的，学生在这些方面表现如何，老师的反馈也有规律可循。上学的时候，很多孩子都在努力达到这些要求。可是毕业以后，孩子一下子失去了努力的方向，于是很多人就开始变得消沉，甚至最终发展为抑郁。同学、朋友、导师都没了，可能会进一步导致孩子情绪低落，与外界隔绝。前面提到罗伯特的案例表明，孤独症孩子出现退步，在家时间过长，还会导致亲子冲突和其他家庭问题。

在很多地区，对于孤独症成人的支持资源都不够丰富。比如，很多上了大学的孤独症谱系学生都提到，他们在大学里能够获得学业上的帮助，但是在社交方面却得不到什么辅助（Cai & Richdale, 2016），这就导致在大学里出现心理问题的比例较高。罗伯特的经历也表明，就业支持资源并不是总能申请到，而且有些支持资源可能也不适合孤独症人士的需求。高中毕业以后，他们也不像以前那么经常和医生约诊或者做心理咨询了（Shattuck et al., 2011），主要原因是从儿科转到成人医疗，他们适应起来也很困难（详情请参见本书第6章）。基于这种状况，至少有两点是家长可以做的：提前规划孩子高中毕业之后的生活，尽早寻求潜在的支持资源。

## 身为谱系人士家长，您有哪些感受？

有人曾对处于转衔过渡阶段的孤独症孩子的家长做过访谈调查，这些家长表示，对孩子的未来，他们内心既有希望，又有担忧（Chen, Cohn & Orsmond, 2018）。您可能也有过这样的感受，对未来没有把握，没有专业指导、不知道应该怎么帮助孩子。孩子的学业教育或者职业培训在高中毕业以后都中断了，或者家里其他孩子出现了情绪问题或者行为问题，所有这些都让人忧心忡忡（Taylor & DaWalt, 2017; Walton, 2016）。

可是，除了这些研究呈现出来的结果之外，家家还有自己难念的经。比如罗伯特家，家长对于如何帮助这个孤独症孩子意见不统一。还有的和我家一样是单亲家庭，家长非常渴望能有点喘息时间，因为他们长年累月做着"全天候"的工作：一份是带薪的，为了谋生；一份是义务的，养育这个特殊需要的孩子，辅助他的成长。还有一些家庭，家里老人上了年纪也需要照顾，而这个时候偏偏是孤独症孩子最需要帮助的时候。

还有对未来的担忧，可能无时无刻都笼罩在心头。在孤独症家长互助组织里，我最经常听到的问题就是："我死了以后孩子怎么办呢？"孩子越来越大，我们也越来越担心自己会死，而在有孤独症孩子的家庭，这种担心越发明显。您可能会担心："我女儿会有那个运气吗，能找到稳定的工作，还能独立生活？还是需要长期的经济援助和居家辅助？"还可能会担心："我儿子当我是最好的朋友，我死了以后我儿子该怎么面对呢？""如果将来要求其他孩子来照顾这个孩子，对其他孩子是不是不太公平？"本书第三部分将就这些长远问题展开讨论。

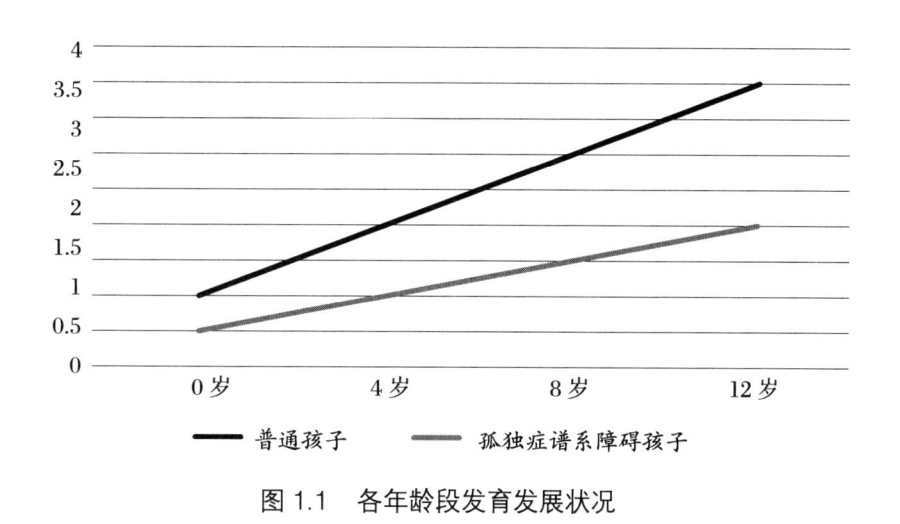

图 1.1　各年龄段发育发展状况

曾经，您还期盼过孩子将来可以自理自立，可是终于有一天，当您意识到孩子也许永远都达不到您的期望了，您可能会感到非常悲哀。这种感觉，很多家长都有过，尤其是处于转衔阶段的谱系孩子家长。孩子小的时候，以及青春期的时候，很多专业人士出于好意，有时会这样安慰我们："可能慢慢会赶上的。"不幸的是，大多数情况下，"赶上"只是个美好的愿望而已。图 1.1 针对受到孤独症影响的某一方面（比如社交能力），将孤独症孩子和普通孩子的发育发展状况做了一个比较。在得到充分辅助的情况下，孤独症孩子的社交能力能够稳步发展，但是与普通孩子相比，进步速度还是比较慢的。我们也都明白，如果一个孩子在某个方面比普通孩子发展得慢，那么他与同龄孩子的差距就会越来越大。这种差距不会随着年龄的增长变小。在某些方面，孤独症孩子永远也达不到同龄人的水平，这很悲哀，也很现实，到了高中毕业之前，这个现实就越发明显。

有时候确实会有特例，比如有些高智商的谱系孩子在某些领域极度专注，非常渴望取得成功，会付出巨大的努力来弥补自己因孤独症造成的缺陷，比如自理、社交等。可惜的是，这种人毕竟是少数。

随着孩子逐渐长大，您可能不得不面对这样一个现实，某些缺陷将永远存在。要接受这个现实可能很难，如果您因此自责或者埋怨他人，那就更是难上加难。所以，尽量不要追悔过去，集中精力想想还能做些什么。多去关注孩子的能力，不要只盯着他们的障碍。这不但有利于您保持良好心态，也有利于孩子将来的求学和求职。要相信自己的孩子将来会对社会有所贡献，您自己有信心，才能让老师或者雇主有信心。

在这场持久战中，医疗服务和社会资源不见得总能帮您解决困难。在很多地方，由于法律规定不同，关于孤独症孩子高中毕业之后可以或者应该获得哪些服务，存在很多争议。就罗伯特的案例来说，是否有资格获得服务只看智商水平，不考虑个案的优势和弱势，这种评估标准很单一，而且也相当武断。结果就是家长不得不花费很多精力，在一大堆的机构和项目里筛选哪些能接受自己的孩子，更不用说考察哪些可能有效了。

而且，孩子超过一定年龄（罗伯特的情况是超过了18岁），他们就不让父母参与讨论了，这种做法很常见，而且经常搬出保护青少年隐私来作理由。实际上，如果孩子能够同意您参与讨论，一般就可以解决这个问题，但是可能没人告诉您这个方法。跟他们谈，让孩子签署一份同意书，这样您就可以与服务机构直接沟通了。

很显然，要搞清楚各种各样的服务及服务体系，必须有人跟进指导，这是非常重要的课题。因此，在接下来的章节，我们还会继续讨论。

## 高功能谱系人士过得就不那么艰难了吗？

您可能会觉得，比起典型孤独症和智商水平较低的人群，高智商、高功能的孩子是不是会更顺利地度过这个转衔过渡时期。可惜的是，如果您家孩子属于高功能，这种想法可能只是您的一厢情愿。有研究发现，在孤独症谱系障碍成人群体中，那些没有智力障碍的人，几乎不去参加什么日间活动，这种情况比伴有智力障碍的人多出三倍（Taylor & Seltzer, 2011b）。这种差异到底是什么原因导致的，是因为面向没有智力障碍群体的服务较少，还是因为大家觉得他们自己能给自己安排活动，或是因为偏见而被孤立排斥，还是因为比起典型孤独症群体，他们更清楚自身存在的问题（所以不愿意参加活动），也许上述各种因素都有，目前尚无定论。但是，已经非常清楚的是，高智商谱系群体在转衔过渡阶段也一样会面临困难。只要是谱系，不管程度如何，在这一时期都需要支持和帮助。

仍举罗伯特的例子，他有语言，也没有智力障碍，所以可能被认为属于高功能谱系，可一旦没有了定期的社交联系，他的语言就退化了。有人辅助的情况下，他能完成普通学校的一些学业任务，但是大学课程就不行了。因为他没有智力障碍，大家就觉得在日常生活中，他应该能做得更好一些。比如，他爸爸就觉得，他找不到工作只是因为不够勤奋、不够积极。如果您家孩子也属于高功能谱系，那么您可能也碰到别人这么说过。但是实际上，即便是短期的校企合作教育安置项目，罗伯特都需要成人陪同才行。否则，他可能找不到实习机构在哪里，不知道工作休息的时候应该干什么，也不知道如何妥当回答顾客的问题。而且，他在社交行为方面也有困难，这会使他在求职面试的竞争中处于非常不利的地位。

即便是比罗伯特智商还高的孤独症人士，也会因为在社交或者日常生活中其他方面有缺陷而难以获得教育或者工作机会。尽管被认为是高功能谱系，但是缺乏规划能力、难以控制冲动、时间管理较差以及其他组织协调能力较弱（这些能力统称为"执行功能"），这些问题在他们中间也很普遍。如果您的孩子在这方面也有缺陷，那么即使他智商很高，也依然难以应付日常生活。所有这些缺陷都会使这些年轻人在转衔过渡阶段面临重重困难，即便他们有语言能力，并且没有智力障碍。

## 哪些因素决定孤独症谱系青少年是否能够平稳过渡？

现在我们已经讲清楚转衔过渡阶段可能会出现哪些问题了，接下来该谈谈如何解决了。既然本书的主要议题就是如何保证平稳过渡，那么在这里我们仅概括介绍一下保证平稳过渡的前提条件，详细内容将在后面章节一一讨论。关于成功找到正式工作或者完成大学学业需要哪些前提条件，考里（Coury）及其同事做了一个统计（2014）。高中之后能够成功就业，以下条件可以成为加分项：

- 高中时就有过工作经验
- 自理能力很强
- 能够承担家务
- 有良好的适应性行为和日常生活技能
- 父母希望他们成功就业、自力更生

还有一些研究（Chiang et al., 2013; Roux et al., 2013）提到了其他因素，包括：

- 取得高中学历
- 父母年龄较大
- 家庭收入较高
- 父母受教育程度较高
- 社交能力、对话能力较好
- 高中阶段接受过就业辅导

根据考里及其同事的统计（2014），高中之后能够继续完成大学学业，以下条件可以成为加分项：

- 高中时修过可以获得文凭的课程（而不是仅仅修过只够拿到毕业证的基础课程）
- 高中学业成绩较好
- 大学入学考试成绩较高

- 积极参加课外活动
- 掌握校园生活所需的日常生活技能（包括社交和使用各种电子设备）
- 执行功能较好
- 参加过创新性转衔项目（比如有个叫作双轨制教育的项目，可以让参加特殊教育项目的学生在高中最后一年修读某些大学课程）

再高一点的能力，比如在不同的场合是否愿意公开自己的残障情况、是否能够坦然处之，是否能为自己争取应当享有的权益和福利，所有这些能力对于继续学业都是有帮助的。

还有一些研究（Anderson, Carter & Stephenson, 2018; Briley, Harden & Tucker-Drob, 2014）发现了其他一些积极因素：

- 父母对孩子未来发展抱有比较积极的心态
- 较早公开孩子的残障情况（从而较早获得支持资源）

看到这里，您先别急着去琢磨上面这些因素、朝着这些方向使劲，要知道目前在这个领域的研究还比较有限，出于一些原因，这些研究结果还有待进一步考证。

首先，某个因素（比如父母收入较高）与某个结果（比如找到正式工作）之间有相关性，并不代表一定有因果关系。举个例子，家庭收入较高，可能就会得到更好的转衔支持资源，因此未来发展就会比较好。或者，有些孤独症谱系障碍孩子的能力非常好，在转衔过渡阶段根本不需要怎么干预，很快就能工作赚钱、减轻家庭经济负担。此外，即便父母收入较高，有更多机会为孩子争取到正式工作，还有可能是其他因素（比如父母受教育程度较高）在起作用。简单来说，某个因素和某个结果之间有相关性，并不代表就一定有因果关系。

其次，上述统计中包含的研究绝大部分都是横向研究[①]，这就意味着对

---

[①] 译注：横向研究（cross-sectioncal study）又叫横断研究或横向比较研究，指的是在同一时间内对每个对象进行观察与测定，在相互比较的基础上对特定因素或各种因素间的关系进行分析与考察的研究。

所有的因素都是在同一时间点进行评估的。但是，如果要证实两个因素之间有因果关系，比横向研究更有说服力的是纵向研究①，就是对大量的谱系孩子进行多年追踪随访。遗憾的是，这种研究花费巨大，所以很少有人去做。

最后，即便某个研究结论适用于很多谱系孩子，也不代表就一定适用于您家孩子。孤独症谱系中的每个人都不一样，优势弱势不一样，成长背景不一样，期待、恐惧的东西不一样，个人动机也不一样。而您作为家长，是最了解孩子这些特点的人，可以结合这些去解读上述研究数据。

不过，从这些因素中也可以看出一些普遍规律，可能会对孩子的成长起到一些作用。其中有些因素突出了早做准备的好处。比如，在高中阶段有工作经验，那么将来就可能有正式工作；在高中阶段修读学位课程，那么将来就可能升入大学。如果孩子还在高中就读，您就可以在这些方面努力。还有些因素突出了独立生活能力的重要性，比如自理能力、家务技能或者其他居家生活技能，还有住校所需的日常生活技能等。因此，在独立生活方面让孩子逐渐形成一些日常规律，还是很有帮助的。最后，在很多研究中都反复提到，父母对孩子的积极心态有助于孩子未来发展。因此，如果您把期望值适当提高一点，也许他们更有可能获得成功。

## 干预项目和个案经理

除了前面谈到的那些因素，您可能还想知道有哪些干预项目能够帮助谱系孩子顺利过渡，继续求学或者参加工作。这是一个比较新的研究领域，因此，对于绝大部分干预项目来说，其效果到底如何，相关研究目前只有初步结果。比如，在针对两名阿斯伯格综合征大学生的研究（Mason et al., 2012）中发现，针对社交沟通技能进行视频示范，帮助他们提高了技能水平。但是，在针对一组孤独症青少年的研究（Hatfield et al., 2017）中发现，与对照组相比，

---

① 译注：纵向研究（longitudinal study）也叫追踪研究，是指在一段相对长的时间内对同一个或同一批被试对象进行重复的研究。

参加线上转衔规划项目的实验组并没有明显进步。

前文曾经提到，对干预效果进行评估的时候，大规模的纵向研究才是比较理想的研究方法。目前正在进行的研究中，此类研究只有一项：转衔项目全国纵向研究。研究发现，从青春期的时候开始进行个案管理的，在成人之后社区融合度和社交参与度都比较高（Myers et al., 2015）。该项研究总结出，孤独症谱系障碍人士在成年之后发展得比较好的话，个案管理可能是比较关键的因素。因此，如果您想选择某个干预项目来帮助孩子顺利转衔过渡，一定要找一位有过孤独症工作经验的个案经理！本书第3章还将进一步讨论个案经理的角色任务。

## 罗伯特的故事还没结束

前文已经讲了在转衔过渡阶段孤独症谱系青少年可能会面临哪些困难，以及哪些因素可能会带来积极影响，接下来我们再回顾一下罗伯特的个案。前面讲到他转诊到了精神科医生那里，开始接受抗抑郁治疗。他的抑郁症状可能需要药物治疗，但同时，造成他退步的主要原因可能是他在转衔过渡阶段的发展变化，也是因为这个原因，家人才难以帮到他。不过，幸运的是，这位医生对上述状况都给予了关注。她认为，罗伯特的生活方式是其致郁原因，药物治疗不太可能解决问题。她主动要求跟罗伯特及其父母谈谈如何实现他真正长大成人的愿望。

她先是鼓励罗伯特回忆在高中阶段都喜欢什么活动。最开始的时候，这种谈话让罗伯特很痛苦，但是慢慢地他就很想知道，现在还有没有类似的活动能让他参加。社区有家公共图书馆，里面有很多图书和视频，讲的都是他喜欢的游戏。还有一个"即付即用"的健身房，费用很低，不需要办什么手续。罗伯特对这两个地方都很感兴趣。他还有个很喜欢的老师，是他高中时期的指导老师。精神科医生给这位老师打了电话，请他时不时和罗伯特见个面，给他一些鼓励，老师同意了。罗伯特很听这位老师的话，比父母的话还管用。

接下来，这位医生跟罗伯特及其父母谈了如何辅助他参与这些活动。首先列出的就是，起床时间要有规律，来回交通要有保障。父母对此不太认同，他们觉得罗伯特在高中时候在这方面就已经做得很好了，所以像用闹钟、坐公交这种目标实在太小儿科了一点。但是，把这些内容作为干预目标其实有很多好处：首先，按照这些目标来执行的话，罗伯特的日常生活中就又有了一些事可做，同时还保证了睡眠规律，这些对他的身心健康都有好处；其次，这些目标有助于纠正他之前不健康的饮食习惯和游戏习惯，至少不会再连续好几个小时一边吃零食一边打游戏；最后，按照这些目标来做，能让罗伯特接触到家人之外的人，这有助于他重新学习社交技能，有机会交到新朋友。

重要的是，这些目标是罗伯特自己的目标，而不是依他父母的想法设定的。父母可以为他提供支持和帮助，但是不应该对他的活动唠唠叨叨。如果连续几周罗伯特都执行得不是很理想，那么他们可以约罗伯特的导师和他碰个面。自从罗伯特能走出家门进行一些活动之后，父母也不太整天盯着他的问题了，夫妻关系也比以前有所改善。罗伯特的弟弟也不再那么嫉妒他，没再逃学了。这个家庭又恢复了往日的和谐。

后来，罗伯特跟精神科医生说总去健身房和图书馆也有点儿没意思，他表示自己对一家电子产品商店的工作还挺感兴趣的。经过他父母的努力争取，罗伯特在那家店得到了一个志愿者岗位。志愿工作做了 6 个月以后转为了带薪工作，半天工作制。他还每个月都跟同事去看场电影。高中毕业一年以后，尽管没有药物治疗，罗伯特的状态还能保持这么好——看到这一切，他的家庭医生感到非常惊讶。

罗伯特的生活越来越有规律，他的支持团队中加入了其他成年人（他的导师、电子产品商店的老板、精神科医生），这些都让他的状况有了很大改善，这与之前提到的研究结果是比较吻合的。这位精神科医生一直为罗伯特及其父母提供指导建议，从这一点来说，她扮演了一位个案经理的角色。罗伯特的进步不是特别迅速，但是一直都在以他能适应的速度向前推进。转衔过渡项目要适应个案的需求、兴趣和节奏，这一点至关重要。此外，整个家庭是否能配合医生的治疗，家长是否能尽量减少亲子冲突，是否能戒"焦"戒躁、接纳他进步比较慢的事实，这些因素也很重要。所有方面密切配合，才会推动孩子平稳度过转衔过渡阶段，真正长大成人、走向自立。

不过，尽管罗伯特的状况改善了很多，他的故事还远未结束。将来，他是否能够胜任全职工作，如果换一个没有这么多支持资源的工作环境，他是否还能适应，他的朋友圈是否还能继续扩大，他在多大程度上能够脱离原生家庭、实现自立，所有这些还不甚明朗。有研究表明，只有20%的孤独症人士能够完全独立生活（Poon & Sidhu, 2017）。就罗伯特而言，他可能会继续进步，也可能会因为环境变化而受到影响。他工作的那个商店可能会开不下去，他的导师可能会搬走，医生可能会退休，他的家庭也有可能面临新困难……这些变化都有可能影响罗伯特的进步。罗伯特的父母需要仔细考虑如何确保孩子将来能有一个更大的支持网络，有更强的抗挫折能力，以便应对将来的生活环境。本书的第三部分将着重讨论这些长远打算。

## 不要放弃希望

可惜，要帮助孤独症谱系青少年平稳过渡、充分发展，没有什么"速成法"。如果有的话，我就不用写这本书了。要得到一个满意的结果，需要付出时间和努力（包括家长、孩子以及其他相关成人）。在不同情况下如何达到"满意"，将在下一章进行讨论。就我自己带我儿子的经历而言，曾经也相当沮丧。但后来回忆起来，在他刚上学的时候，我们曾花了五年时间才找到适合他的教育形式，他才真正开始学习。那么，从在校学习到步入社会，这个转变更加复杂，怎么可能指望很快就能完成呢？

在这样一个困难时期，以下这些想法可能有助于您保持心态平和，不会失去希望。

首先，有些东西是我们控制不了的。尤其是在成长过程中，有些里程碑式的目标，是需要其他人的参与和努力共同完成的，而这一部分，是家长无法控制的。通过某些努力，也许能找到合适的咨询师或者专门针对孤独症孩子的短期项目，让他们学习就业技能、社交技能，学习如何适应大学生活等。但可惜的是，短期的咨询或者几个月的培训都不是长久之计，也并不能保证孩子这辈子一帆风顺。家长需要"战友"，能够长期跟进孩子的情况，这样才能巩固进步、扩大成果。个案经理、医生、治疗师、工作单位领导、就业顾问、老师、导师、社工、关系比较好的朋友（家长的、孩子的都行），还有家人们，都可以成为家长的"战友"。不过，"战友"也需要付出很多，所以是可遇而不可求的。第8章将讨论如何联系到这些支持资源。

其次，期望值可以高一点，但也要做好失望的心理准备。如果您不把目标定得高一点，就会总是想着说不定孩子还能发展得更好一点。相反，如果您设定了一个较高的目标，即便做不到，至少您知道自己和孩子都尽力了。同时，孩子可能会有自己的极限，这就需要您调整最初设定的目标。比如，如果孩子是在比较忙碌或者嘈杂的环境里做全职工作的话，就有可能出现感官超负荷现象，那么就需要退一步，找个安静一点的工作环境，或者不做全职改做半天。同样道理，有些共病（比如癫痫），或者其他心理问题可能也会阻碍我们实现之前的设想。而且，家长可能也没有那么多的时间、财力、精力，把所有对孩子有帮助的事情都一一做好。保证就业，或者学会独立生活，要达到这样的目标，需要巨大的投入，无论是财力还是时间。除非您很有钱，又有闲，而且又没什么其他的家庭负担，否则要为他们提供持续的辅助是不太现实的。孩子有自己的局限，接受这个现实并不等于放弃目标，而是结合自身条件调整目标，脚踏实地。

最后，不要拿自家孩子和别人比，只看自己有没有进步，哪怕只是一点点。图1.1看起来让人很泄气，原因之一是人们会不自觉地将两条线加以比较。但是，如果您只看谱系孩子自己的轨迹，不看普通孩子的轨迹，就不会觉得那么沮丧了。出色的田径教练会告诉自己的运动员"就盯着自己的跑道"，只需想着尽自己最大努力就好。同样，家长鼓励自家谱系孩子的时候也可以这样说，也会有帮助。他们在有些方面可能落后，有些方面可能领先，但是这些都没有不断进步重要。每隔一段时间就和孩子一起回顾一下，今年我们做了什么，去年没做成什么，这对家长和孩子都是一种鼓励。另外，即便按普遍标准来看，孩子取得的成功可能不算什么，也还是应该为他们感到高兴。腼腆怯懦、不善社交的孩子，如果能够踏出一步，和朋友去看个电影，就应该为他鼓掌祝贺。非常害怕变化的孩子，在工作中或者学校里主动要求尝试比较困难的任务，也要为他加油喝彩。我们的孩子可能跟别人的节奏不一样，但是也是在一步一个脚印地向前走，这就值得钦佩。

现在我们对于在转衔过渡阶段可能会出现的问题有了很好的了解，接下来就可以谈谈具体解决方法了。第 2 章要讨论的是，不管使用什么方法，都要遵循一点：和孩子目标一致，一起努力。

## 拾贝·宝典

### 高中毕业之前

- 在有助于平稳过渡的方面着重加强：提前准备，重视独立生活技能，以积极的心态面对未来。
- 不要盲目轻信、保持合理质疑。很多因素与就业或者升学的平稳过渡都有相关性，但是有相关性并不代表就一定有因果关系。
- 找一位有经验的个案经理。从青春期就开始进行个案管理，是到目前为止，唯一一个经大规模纵向研究证实有效的转衔干预方案。
- 高中毕业之后如何安排好孩子每天的生活日程，发掘潜在的继续教育支持资源，这些问题都需要仔细考虑。
- 记住，即便孤独症谱系孩子智商处于平均或者高于平均水平，也不能保证就一定能平稳度过转衔时期，一样需要辅助。

## 高中毕业之后

- 继续与个案经理共同合作,增加有利条件。
- 让孩子签署一份同意书,对您与服务机构的沟通进行授权。
- 不要放弃希望,耐心一点,要知道有些结果不是家长能左右的,尤其是有些东西要取决于他人是否愿意投入,所以不必强求。目标可以定高点,但是要做好心理准备,随时调整。不要拿自家孩子和别人比。关注孩子的进步,哪怕是很小的一步。

# 第 2 章：

## 明确目标

## ——谁来定义什么是平稳过渡

> ▶ 亨利妈妈：今年夏天过得简直糟透了，没完没了地找工作，一个都没找着！
>
> ▶ 亨利：今年夏天可太好玩了。我一点儿都没闲着，还认识了个女孩子，有戏！

谁的看法准确呢，亨利还是他妈妈？您可能已经知道答案了：两个都准确。在孩子长大过程中，你们可能一直都有分歧，一直都在较劲，怎么安排时间、应该树立什么目标、平时或者暑假怎么过才有意义……就像亨利家的例子一样。现在孩子已经快成人了，对于很多关乎他未来的重要决定，你们的想法可能也会出现分歧。可能您的孩子和亨利差不多，习惯了不变的生活规律和自己的社交圈子，但您出于长远考虑，希望他能先把成功就业放在首位。也可能您的孩子想当一名外科医生，每天只想着有朝一日实现梦想的时候该有多开心，除了这个话题，其他的一概不想跟您聊。但是，您却希望她首先得有点生活能力（比如学会花钱管账或者找份兼职工作），然后再考虑上医学院的事。

怎么才算成功转衔过渡，家长和孩子对此可能有不同的定义。上面提到的亨利家的例子中，妈妈觉得儿子都20岁了，之前那么努力为他就业做准备，他却一直没找到工作。现在才发现，儿子面试的时候根本不是普通孩子的对手，因为他基本不直视别人的眼睛，回答问题的时候还总是嘟嘟囔囔的。而亨利自己呢，暑假里参加了一个专为孤独症青少年设计的职业技能培训项目，觉得过得还挺不错的。他喜欢生活有规律，那里的课程安排很有规律，所以就很适合他。而且，他还在那里认识了一个女孩子，跟他一样喜欢超级英雄，假期里他们还一起去看了两场超级英雄的电影。克服了自己的腼腆，第一次跟女孩子约会，这让亨利觉得这个暑假过得非常开心，觉得自己真的开始长大了。

家长可能还需要听听其他角度的看法，比如来自那些能够帮助孩子平稳过渡的专业人士对于转衔过渡的建议。您可能会纠结，这些专业人士是否会高估或者低估孩子的能力。但是有些时候，他们比您更加了解孩子的状况。比如，训练有素的心理医生可能比您更加了解孩子的认知能力水平。不过也有些时候，他们会把孩子的状况和自己曾经见过的其他孤独症孩子的状况混为一谈，对孩子的具体能力状况知之甚少。在这种情况下，他们对孩子能力的评估可能就不是那么准确了。

本章将讨论有关转衔过渡的不同看法，以及如何在这些不同中发现共识，如何与孩子一起设定目标，如何进行沟通，以便鼓励孩子进步，而不是激起对抗。

## 理解不同角度，学会换位思考

在前面提到的案例中，亨利看重的是他有了约会，而且生活也很规律，但是妈妈看重的是能够工作，这就是角度的不同。如果在讨论的时候没有考虑到这些差别，就可能会导致双方对彼此都非常失望，进而导致冲突。如果能够考虑到这些因素，那么在为亨利提供转衔支持资源的时候，就会同时考虑到他喜欢和在意的东西是什么。比如，鼓励他坚持找工作，这样他就可以赚钱，带女朋友去高档饭店或者看漫画展。

孩子在迅速成长，与家长的看法、观点出现分歧，这种情况不是只有亨利才有，也不是孤独症谱系障碍青少年的"专利"。但是，由于孤独症谱系孩子在某些方面比较超前，而有些方面又比较滞后，所以对于他们来说，在教育、就业、社交关系以及日常生活管理方面要如何选择，情况就比较复杂。比如，您的孩子可能非常聪明，但是社交能力却比较欠缺。这就意味着，她也许可以胜任某种工作的要求，但是却没有能力与同事进行沟通与合作。或者您的孩子在高中时就谈了女朋友，但是却不能自己出门旅行，所以，想要进一步发展成人关系的话，要靠您来充当司机的角色。每个孩子在各方面的能力不同，面临的困难也各不相同，但是几乎所有的困难，都需要家长的辅助和鼓励才能克服。

表2.1 成年生活的各个方面以及对该方面最为重视的人

| 成年生活的各个方面 | 对该方面最为重视的人 |
| --- | --- |
| 大学教育 | 家长 |
| 就业 | 家长 |
| 良好的社会关系 | 教育人士 |
| 独立性 | 教育人士 |
| 身心健康 | 医生 |
| 来自家庭、社区以及社会的充分辅助 | 所有人 |

除了家长和孩子之间的分歧，从表2.1中还可以看出，对于孤独症谱系人士的成年生活来说，到底哪些方面最为重要，不同的群体有着不同的观点。有人（Elias, Muskett, White al., 2019）曾经对大学教育专业人员进行访谈，请他们指出孤独症谱系青少年在哪些方面最需要辅助。他们认为，整体能力、自主/自立的能力以及处理人际关系的能力是最重要的。但是，针对家长进行的研究却发现，他们最关注的是学业和就业（Taylor & DaWalt, 2017）。如果孩子在高中毕业之后曾经中断过学业或者就业有困难，家长就会比较抑郁。很多研究发现医生对于孤独症谱系青少年的身心健康状况最为关注，这

也是意料之中的（Wilson & Peterson, 2018）。

不难看出，如果不了解这些差异，就很容易产生挫败感。比如，您认为教育专业人员的主要工作应该是帮助您的孩子提高学业成绩、为升学做好准备，但他们强调的却是社会关系和独立性，这可能就会让您觉得很沮丧。谈到长远目标，我们都希望自家孩子能有大好前程，而在 21 世纪的今天，教育是实现成功不可或缺的部分。但是，那些在大学里艰难度日的孤独症大学生却指出（Jackson et al., 2018），最困扰他们的不是学业上的困难，而是社交上的孤立。因此，这些教育专业人员才会提出这样的观点。教育专业人员和家长应该互相听取意见，尤其重要的是，听取孤独症孩子本人的想法，以便了解帮助他们完成平稳过渡的最佳方法是什么。家长、教育专业人员、孤独症孩子本人，三方一起开诚布公地谈谈未来的目标和面临的困难，这样的做法很显然是非常有帮助的。这对所有即将步入成年的孩子都有帮助，对于孤独症青少年来说更是至关重要，因为他们面临的问题比普通孩子要复杂得多。

孤独症谱系障碍青少年群体在个人喜好方面有很大不同，在他们眼里，事情的轻重缓急也各不相同。有些孩子跟亨利差不多，很看重社交，而有些孩子更在意学业或者事业上的成功，独立自主或者身体健康等。跟亨利一样，他们可能曾经在某个方面遭受过折磨，因此非常看重这个方面。回忆一下亨利的情况，他是因为太过腼腆，所以在社交方面遇到了很多困难。有些人，曾经有过身心健康方面的问题，可能就会比较在意这个方面的进步，或者很重视保持状态稳定。还有些人没有办法独自在城镇里来去，可能希望在所在地区工作。但也有些人选择去发挥自己的长处和优势。比如，一位非常聪明的孤独症谱系障碍女孩，可能会选择一个要求非常高的大学专业。而一位曾经在宠物店参加校企合作教育安置项目的年轻人，后来可能就在那里找到工作了。

孤独症谱系障碍年轻人一般都比较强调"试过了才知道"，但这种尝试并不一定总是成功，所以还需要帮助他们拓宽视野。观察一下，您的孩子注重的是什么。听听他们的想法，比如高中哪些课"特别棒"，小说里或者电视剧里他们最喜欢哪些角色。问问他们，您不在身边的时候，他们畅想的世界是什么样子的，那个世界好在哪里。问问曾与他们互动的大人（比如他们喜欢的老师、社团活动的负责人），能吸引他们参与的集体活动都是什么主题。就是这些东西调动了他们的积极性，让他们愿意去尝试新事物。

如表2.1所示，他们需要来自家庭、社区以及社会的辅助，这一点是所有人都认同的。但是到底什么程度的辅助才是最理想的，大家各不相同。比如，您家孩子可能把地铁或公交线路记得滚瓜烂熟，坐车换乘毫不费力，别家孩子可能需要家长带着"演习"换乘很多次，才能独立乘坐公共交通工具到达目的地，还有的孩子才离开家几条街远就会感到焦虑。孩子们都是差不多的年纪，正式诊断也都是孤独症谱系障碍，但是想要实现安全出行，所需的辅助力度大不相同。

理想的辅助类型也各不相同。比如，您家孩子可能不希望家长陪着去参加活动，但是老师或者其他成人陪着去就可以，有些孩子则正好相反。同样，面向孤独症青少年的活动，有些孩子很喜欢，有些孩子非常抗拒（本书第8章将就这一问题进行详细讨论）。不管是普通孩子还是孤独症孩子，只要有小伙伴陪着，都会有助于顺利过渡，接受新事物、进入新群体。总的来说，大部分孤独症孩子都能对某种形式的辅助有所响应，进而参与新的活动，拓宽视野。所以，不要放弃，不断尝试，总会找到适合他们的方式。

能够调动他们积极性的东西也是因人而异的。您跟孩子相处很多年了，应该已经相当了解，什么东西最能调动他们的积极性、引导他们尝试新事物。在讨论目标之前花点时间，仔细想想什么东西曾经比较有效，这还是值得我们做的。

另外，谱系孩子的兴趣爱好大多非常特别，而且他们对此十分痴迷，所以经济利益对他们不像对普通年轻人那么有吸引力。比如，找工作的时候，他们可能会比较在意有没有休息时间去玩自己喜欢的游戏，而不是能挣多少钱。有些孩子在意钱，可能只是把钱作为一种手段，用来获得某些感兴趣的东西。比如，我见过几个孩子，拼命攒钱就是为了买个宠物。谱系孩子的是非观非常强，这种是非观有时候也会促使他们把钱花在很有意义的事情上。不过也有一些孩子还是像小时候那样，喜欢糖果或者其他零食那种奖励。

不管他们的动力是什么，一般来说，年轻人都是这样的，如果每次做了什么事情就能获得想要的东西或者参加喜欢的活动，他们就会更愿意去追求新的目标。有时候您可能需要给他们奖励，不过在这个年龄段，更普遍的做法应该是等着他们克服对新事物的恐惧，再温和地说明将要发生的事情，或者是建立日常规律，为他们参与新活动提供便利。在第 3 章谈如何提高独立性的时候，这个问题还将进一步展开讨论。

## 什么时候开始设立目标？

说到设立目标，有一个普遍真理，那就是：越早越好！即便将来还要对这些目标进行调整，但是在高中阶段就对这些目标和长远规划进行讨论，代表着一种希望，相信孩子高中毕业之后还会继续成长、进步。这种希望是无价之宝。四十多年的教育研究证明，老师在学年初对学生的期望值会影响学生在该学年末的学业表现。最近还有研究发现，家长对孩子的期望值也会影响孩子的表现，尤其是孩子在某些方面比较敏感的情况下（Briley et al., 2014）。简单来说，您对孩子将来的发展越是充满希望，这种希望就越是有可能变为现实。

尽早行动，用足够的时间去尝试不同的选择，免得在将来不得不面对的时候太过仓促。比如，如果孩子打算去图书馆工作，那么她在高中就应该参加一个相关的校企合作教育安置项目，试试自己适不适合做这份工作。如果孩子对爬行动物很感兴趣，就可以试试去动物园做志愿者，了解一下有关爬行动物的工作。有些高中课程中也有实习类教学内容，这些内容都有可能成为孩子的未来发展方向，比如烹饪、木工、景观美化、摄影课程等。及早尝试不同的工作类型和工作环境，对于发育障碍人士尤其重要。如果您的孩子很聪明，打算上大学，那么在大学这几年就可以梳理一下职业规划。如果孩子高中毕业之后就想找工作或者接受职业培训，那么在高中阶段的时候就更应该注意发掘他会长期感兴趣的领域。

如果能找到跟兴趣相关的兼职工作，那就很理想了。在高中阶段做过兼职，是将来顺利就业最大的加分项（Carter, Austin & Trainor, 2012）。如果很难找到带薪工作，也不要为此泄气，因为通常用人单位都会更愿意给残障人士提供志愿工作机会，而不是带薪工作（本书第5章将详细讨论这个问题）。

如果您在孩子高中阶段没能早些开始计划，也不要太过自责。教育专业人员有责任帮助学生平稳过渡，而且什么时候开始都不晚。您要做的就是把本书继续看下去，然后马上行动！

先从孩子感兴趣、想要做的事情开始制定目标。为了实现这些目标，年轻人一般都愿意走出自己的舒适圈。除此之外，您还可以进行以下尝试：

- 找到既能让孩子实现自己的目标，又让您觉得有价值的领域。比如，如果孩子将来想成为一名古生物学家，他当前的目标是集齐某一系列视频里所有跟恐龙有关的部分，但您不知道这个目标是否现实，那就跟孩子一起讨论要集齐这些视频需要做些什么。也许其中有些视频要跑半个城才能买到或者借到，那就可以跟孩子说明你现在很忙，没时间送他去，但是可以告诉他怎么坐车。孩子的目标是想集齐这些视频，而您的目标是想让他学会独立乘坐公交。如果孩子的目标有助于达成您的目标，那么你们就可以一起合作，双方都能皆大欢喜。

- 脚踏实地的日常小目标，有助于我们评估大一点的目标是否可行。集齐某种东西，或者在每天日常活动中加点新项目，这些看起来不是什么大进步，但却是提前试水，看看对于您和孩子来说，大一点的目标是否可行。前面提到的例子里，如果孩子学不会坐公交，那么就不大可能完成古生物学的大学课程，更不用说飞到戈壁沙漠去挖化石了。但是，如果他能集齐这些东西，也许之后就能在课上做个有关古生物的报告，还有可能在老师指导下做一些相关工作，为将来进入研究领域打下基础。迈出的每一步，不管多小，都能让我们看到他们的能力所在。有时候孤独症谱系障碍孩子在自己喜欢的领域，即便碰到困难也能做得很好，给我们很多惊喜。

- 与其纠结于就业或者升学那些遥远而缥缈的目标，还不如脚踏实地着力实现一些小目标，比如让孩子走出家门。每天走出家门参加一项或者几项固定的活动，会让人保持最好的状态，大部分孤独症孩子都是如此。而在这个时间段，您也可以解脱出来喘息一下。每天走出去接触现实世界，不管是为了工作，还是当志愿者，哪怕只是健个身或者画个画，也有助于孤独症谱系孩子保持情绪稳定，避免沉浸在自己的世界里太长时间。在大部分活动中，他们都或多或少需要与人接触，因此在社交方面也有可能得到提升。

- 孩子和其他人在一起的时候，家长也可以做点自己喜欢的事情，享受一下和另一半在一起的时光，或者收拾收拾家，做点必须做的事等。这样的话，等到孩子回来的时候，您就可能比之前放松一些，准备好应对他们各种各样的需求了。不用全天候待在一起，亲子关系往往就不那么紧张了。

- 刚开始设定目标的时候不要贪多，一到两个就好。因为不管什么目标，多多少少都会改变目前的生活规律，这对于孤独症孩子来说已经要付出很大的努力。要同时实现两个以上的目标，会超出他们的承受能力。

- 同时设定太多目标，家长也会受不了！作为家长，您要做的是既当好教练，又当好啦啦队员。普通孩子到了这个年龄可能都不太喜欢具体的建议，觉得对他们干涉太多，或者觉得家长居高临下。对于他们来说，家长做好啦啦队员、加油鼓劲就可以了，这样反倒能做得更好。但是对于孤独症谱系孩子来说，家长还是需要做好教练，给予具体的引导，即便他们的智商可能是在正常范围内。孤独症谱系孩子不关注人，更专注于东西或者自己的世界，这就限制了他们通过观察进行学习的能力。比如，普通孩子学烘焙时，可能自然而然就会先在烤盘上刷好油，再把面团放上去，因为以前看到家长就是这么做的。然而，孤独症孩子可能就需要一步步具体指导才能做到。很多在我们看来很容易的工作都需要经过这样的程序才能教会：首先说出每一步都需要干什么，之后再耐心地和孩子一起练习，最后让孩子独立完成这些步骤。这个程序每天都要重复不止一次两次，但大多数人根本没有这个工夫，所以我们不能一次设定太多目标。

## 为什么不把这个工作交给专业人士？

作为家长，把孤独症孩子拉扯大不容易，等到他快步入成年的时候，您自己可能也精疲力尽了。如果能向专业人士寻求到进一步的帮助，对于家长是很有吸引力的。专业人士可能包括教育从业人员、教育顾问、就业顾问、医生、心理专家、与孤独症人士打过交道的社工，或者专门针对这个领域接受过培训的护理人员。这样做是可行的，但前提是符合下列情形：您和孩子的亲子关系比较紧张，尤其是您鼓励他们尝试新东西的时候，他们比较抵触；您已经精疲力尽，一想到还要与他们继续努力，就觉得暗无天日；您想尝试新目标的时候，孩子总是很退缩。在上述情况下，专业人士的介入，可能会比您更有正能量，至少能让孩子更合作一些。专业人士也许还能帮您厘清头绪，分出轻重缓急，弄清楚对孩子、对家庭，眼下和将来到底什么才是最重要的。

可惜的是，并不是所有家庭都有财力聘请专业人士，而且专业人士的水平也是各不相同。对于孤独症群体来说，有些人可能很有经验、很有帮助，有些人则不是。水平再高的专业人士，其工作领域也是有限的。比如，针对孩子的问题，有些专业人士也许能够提供咨询，给出应对建议，但是却没有跟进服务，没法保证这些建议都能贯彻实施，甚至不能保证这些建议切实可行，这种现象还是挺普遍的。还有些专业人士仅在工作时间提供服务，如果孩子比较依赖他们，那么在周末或者非工作时间遇到困难的话，就没法指望他们提供帮助了。还有些孤独症孩子，只有跟家长这样比较熟悉的成人在一起的时候才会比较愿意回应，或者需要几个月的时间才能逐渐适应陌生的专业人士。鉴于上述这些原因，如果家长跟孩子的关系还不错，而且还有精力继续带他们的话，最好还是由家长来做。偶尔的帮助，专业人士是可以做到的，但是不管怎么说，"血浓于水"。

**情绪有抵触，目标不现实**

很多谱系青少年都承认自己没有什么具体目标，这可能是事实，不过更有可能的是，"我没什么目标"或者"现在这样挺好的"这种说辞其实是害怕变化的一种表现。除了特别勇敢的人，绝大部分的人其实都害怕一头扎进自己完全不了解的世界。只是，孤独症谱系人士尤其在意保持生活规律，所以比起大多数人，他们更加抵触和抗拒变化。这种表现到底是性格特质，应该给予宽容和接纳，还是孤独症的一种反应，需要治疗和行为干预，对此还有一些争议。但是到了青少年阶段，再就这一点进行争论就没有意义了。他们不是小孩子了，如果他们自己不觉得这是一种病症，或者不认为这有什么大问题，就不会同意接受治疗或者干预。

因此，您必须接受他们的某些恐惧心理，与之和平共处。在孩子小的时候，您可能已经有一些应对方法了，那么现在再回头去复习一下，也是值得的。但是，要知道对于青春期阶段的孩子来说，他们所面临的困难比以往经历的任何困难都要艰巨。上学的时候，升入新年级、认识新老师、学习新课程，这和初入职场简直没有可比性，后者需要面对的困难非常多：环境、日程、需要完成的事情、需要达到的要求，都在不断变化，需要面对的人和任务也在不断变化。

前面曾经提到一些应对办法包括：从孩子比较在意和喜欢的事情开始，把最终目标分解成一个个小目标，每次针对一到两个小目标，陪他一起练习，还可以请专业人士参与等。除了这些，和孩子一起回顾过去的成功经历也是有帮助的。不管是不是谱系孩子，如果处在焦虑情绪之下，都会更容易记住自己的失败经历而不是成功经验，所以就总觉得自己还会失败。要纠正这种错误的认知倾向，用真凭实据来证明孩子确实是有进步的。半年或者一年以来的所有进步，不会因为崩溃一星期就被全部抹杀。

还有一个更大的困难是，有些孩子设定的目标，在现实生活中几乎没有实现的可能。这在谱系孩子中间非常普遍，因为他们的未来目标经常与其特殊兴趣爱好有关。比如，有的孩子整天想着"要当海绵宝宝那样做油炸食品的厨师"，所以去学了烹饪，到头来却发现自己非常害怕热气腾腾的炉子和炸锅，根本就应付不了。还有的孩子有严重的学习障碍，不想上学，还梦想成为一名游戏设计师，却根本没意识到：要实现这个梦想，没有高中文凭是不可能的。对于有些年轻人来说，谈恋爱、找到自己理想的另一半可能也是目标之一，但是如果每天的作息规律是晚上8点必须上床休息，不能接受作息改变的话，那么这个目标也是很难实现的。

谱系青少年常常有自己独特的兴趣，围绕这些兴趣可能会有非常生动的想象，但是这些想象很少能与现实联系起来。对于家长来说，一项很重要的任务就是帮助他们把想象和现实联系起来。如果没有这些帮助，一旦他们发现自己的想象只能是幻想的话，就很容易陷入抑郁情绪之中。

面对不切实际的目标，可以试试下列方法：不要太过好高骛远，先找个"日常工作"，然后把理想目标作为一个爱好；为了这个目标，在日常生活中做些让步。前面提到的那两个例子，想当"做油炸食品的厨师"，可以先做帮厨，只负责切菜、配菜，这样就不用接近炉子和炸锅。想做游戏设计师，就可以先在电脑商店里负责整理货架，同时把设计游戏当成一个爱好。想谈恋爱，就先练练稍微晚点睡，至少约会的时候得能熬夜。想想怎么能让孩子的目标或者生活方式做出一些调整，更好地适应现实生活。

有时候，我们也不清楚孩子想要追求的目标到底现不现实。比如，对于青春期孩子来说，学开车这个目标是适合其年龄阶段的，但是并不是所有孩子都有能力掌握这门技能。如果有学习障碍的话，那么最基础的第一步就会遇到困难：拿到学习许可①。一旦开始学习开车，必备的能力包括：手脚协调能力、看导航需要的视觉空间能力以及保持专注、观察路况的能力，而孤独症对上述能力都有影响。

对于这种不确定的情况，可以先观察孩子有多想实现这个目标，积极性如何。拿学开车这个例子来说，如果孩子的积极性非常高，他就可能会坚持不懈、不断努力去拿到学习许可，投入很长时间去练车，还会请驾校教练。如果积极性不够高的话，他可能试几次或者上了几节课就半途而废了。先试一下，看孩子够不够坚定，通常就能判断这个目标是否值得坚持了。如果孩子最终没能坚持下去，也尽量不要觉得气馁。尝试、犯错，这些都是很正常的，我们应该向孩子传递这样一个信息：尝试新事物并不见得是坏事，只要做了，总能学到东西。这就让您和孩子将来还有机会继续前行、追逐新目标。

假如孩子的积极性很高，但是努力了几个月甚至几年，最终还是失败了，肯定是非常难过的。这时要帮助他们接受自己的局限，并且从积极的角度来解读这件事。还是前面学开车的例子，您可以这么说："你已经尽力了，现在知道了这是不可能的，不过不管怎么说，至少你尝试过了，努力过了。"也可以这么说："即便拿不到驾照，至少万一遇到紧急情况的话，你还是知道怎么开车的。"还可以这么说（这么说可能最好）："你尽了最大的努力，我为你骄傲。"

## 沟通策略

就设定目标这件事和孩子沟通可能很不容易，不管他们有没有孤独症谱系障碍。从发育发展的角度来说，年轻人总想挣脱父母争取独立，这是很自然的。但是，罗马非一日建成。他们所做的事情，其中很大一部分还是需要父母辅助、提供方便，不管他们自己愿不愿意承认这一点。他们可能希望自己不再需要父母帮忙，但是现实情况是他们依然离不开这些帮助。这种尴尬

---

① 编注：学习许可的英文是"learner's permit"，意为在学习开车时，必须获得的一种官方许可文件。

的境地会让他们感觉很气馁，也会影响亲子沟通。

作为家长，回想一下自己像孩子这么大或者二十来岁的时候，父母总是告诉你做这做那的，你乐意吗？当然不了！年轻人想要独立自主，我们要尽量去理解这种愿望，尽管您是在想方设法做最有利于他们的事情。与他们沟通的时候，先尽量对双方的角度都表示认同，之后再去陈述您自己的观点。和年轻人沟通，很像牛顿第三定律：有作用力，就必有反作用力，大小相等，方向相反。换句话说，如果您表述观点的时候用力过猛，那就要做好心理准备，可能孩子的抵触也会非常强烈。如果您能温和地概括分析不同方案的利弊，可能尽管孩子依然会有抵触，但是强度会大大降低。

与年轻人讨论未来目标的时候，除了需要尊重他们独立自主的意愿之外，还有一些沟通策略也会有帮助，请看下面几个例子。

### 社交/独立目标：每周和朋友出去玩一次

- 吉姆爸爸：你都一个多月没出去见朋友了吧，赶紧给人打电话！
- 亚历克斯爸爸：你下次去看电影的时候要不要找个伴啊？你有段时间没见那个谁了吧……杰森、兰迪他们？你知道怎么联系他们吗，需要帮忙不？什么时间合适？你坐公交去还是要我送你？

上述两种情况，谁更有可能跟朋友去看电影呢，吉姆还是亚历克斯？为什么？吉姆爸爸一开口就指出孩子没有达到目标，这就是朝着儿子肺管子上戳。这种做法会让孩子的心情一下子跌到谷底。之后，他还以命令的语气让孩子打电话，完全没有顾及孩子的自主意愿（比如孩子可能想过一会儿、方便的时候再打电话），也没有考虑到孩子可能不太会用电话。孤独症孩子常常觉得通过电话沟通很难，因为电话沟通需要做到友好对话（通常不是他们的强项），还需要通过语气判断对方的意图（也是很多谱系孩子的弱项）。而且万一接电话的不是自己的朋友（而是朋友的父母什么的），那就更是难上加难。和朋友的父母随便聊上几句，这对于绝大部分孤独症谱系孩子来说，简直是不可能完成的任务。如果吉姆拒绝接受爸爸的建议，爸爸可能就会武断地认为，孩子就是在对抗，或者就是缺乏主动性。让孩子打电话，孩子没打，如果之后也没有再就这个问题进行讨论，那么吉姆爸爸永远都不会知道这背后的原因到底是什么。

相比之下，亚历克斯爸爸认为孩子能给朋友打电话，但是需要一些帮助。因此，他决定为孩子搭建一个完成任务所需的"脚手架"。也就是说，他把这个任务分解成方便执行的小步骤，然后再逐一确认做哪些步骤需要帮助，哪些不需要。他觉得孩子可能想不到要做什么，所以谈话一开始先提议了一项活动，是孩子可以和朋友一起参与的比较好玩的活动（比如看电影）。之后他提了一个备选名单，让孩子选择给谁打电话，这样孩子就比较容易选出来。同时这也是一种心理暗示，那就是亚历克斯肯定会打这个电话（虽说有那么一点点强制的意味，但是一般比较奏效）。接下来又主动提出打电话的时候可以提供帮助，也可以尊重孩子的隐私，一切看孩子的意愿。请注意，家长只是主动表示可以帮忙联系，所以孩子并没有被迫承认自己对于打电话这个事感到焦虑，否则他可能会感到非常尴尬。这个帮助可以是任何形式，比如帮他查电话号码、拨号，比如跟对方家长寒暄（如果是他们接电话），还比如跟孩子的朋友打个招呼，之后把电话转给孩子。这里还提到了时间问题和交通问题，因为亚历克斯可能需要一些帮助才能筹划好这次活动。如果他没坐过公交车，可能会希望家长送一下。如果他坐过，但是不太有自信，那么家长可以主动提出送他去电影院，看完电影让他自己坐车回来。如果孩子有自信，觉得自己能够坐车来回，那就尊重他的选择，让他自主完成。需要注意的是，亚历克斯爸爸的问话中包含了几个问题，这些问题都在鼓励孩子说出自己的顾虑，同时也表明家长的态度：在筹划活动的时候，孩子有什么需要或者喜好，家长都会考虑在内。

**高中毕业之后的学业目标：选择大学专业**

▶ 萨拉妈妈：学计算机编程好像挺适合你的。我们这里有这个专业的学校，前三名的资料都在这儿了。咱们一起看看怎么申请吧。

▶ **梅琳达妈妈**：你对游戏感兴趣，计算机编程跟游戏还挺有联系的，不过这个专业其实也不是专门设计游戏的，所以你以后还得专门学；另一方面，如果你现在就把自己的目标限定在游戏设计这个领域的话，说不定就错过其他挺有意思的领域了呢。你觉得呢？

萨拉妈妈的话乍一听上去是很支持的态度，而且也着眼于眼下能做的事。这里固然表达了她想要和萨拉一起努力、为她提供辅助的意思，并且缩小大学的选择范围也是有帮助的。只是有一点可能会出问题：妈妈没有仔细想想，这个目标到底是不是孩子想要的。如果没有征得孩子本人的同意，将来她可能就会有抵触情绪。

梅琳达妈妈的话听起来有点矛盾，对于大学教育计划好像犹豫不决，但其实这种不太肯定的态度是故意装出来引着孩子参与讨论的。妈妈把所有的选项及其优点、缺点都一一摆了出来，这就表示她没有什么明确的偏向。这种做法可以降低亲子冲突的可能性，并且有助于孩子参与讨论。没有摆出来备选的只有一项，那就是没有任何规划，"晃悠一年"。这是有意而为之，因为我们都知道如果生活没有规划、失去规律，谱系孩子经常会出现能力退化的情况（Scholenberg, Sameroff & Cicchetti, 2004）。

**健康方面的目标：每周游泳两次**

朱迪妈妈帮朱迪加入了一个游泳俱乐部，计划好了游泳时间，还帮她安排来回交通，也确认了朱迪确实很喜欢游泳。但是几个星期过去了，也没见朱迪出家门去游泳。问她为什么不去，她说："昨天你叫我打扫屋子，前天你让我剪头。"

辛迪妈妈是这样问的："这周什么时间去游泳合适？"商定好日期以后，她就到时间提醒辛迪。后来，这项活动就变成固定节目了。

朱迪妈妈已经竭尽所能帮助孩子进行这项活动，也让孩子参与了计划。

但是，有些孤独症谱系孩子很难提前制定一周计划，也很难把不同的任务安排在同一天完成。因此，他们只能在别人的帮助下制定有规律的活动日程计划，并且需要家长的辅助才能保证执行这些计划，而这恰恰就是辛迪妈妈的做法。

还有一个可能出现的难点在于，规律一旦形成，孤独症谱系孩子就会过分教条，不接受变通。在前面这个案例中，辛迪可能会坚持认为周二和周四就是游泳日，游泳日那天就不能干别的。那么如果妈妈要想在这些日子再安排去医院、剪头发或者其他必须进行的活动，就很困难了。如果可能的话，最好还是先按照计划执行几个星期，然后再尝试做调整，偶尔在游泳日安排点别的事。这样的话，辛迪要面临的挑战是灵活机动，但是因为过程是循序渐进的，就不那么突然，不至于让她受不了。

## 社交/活动目标：上吉他课

注意：孩子已经上过四次吉他课了，现在要去上第五次。

- 乔治妈妈：别忘了拿好钱包、手机，还有吉他指套。过马路时注意安全！别忘了跟老师问好，记住要微笑。老师没答应就不要走……哎，有事别忘了用手机给我打电话！

- 德兰妈妈：代我向富兰克林太太问好哈。再见！

像乔治妈妈那么说，孩子的反应极有可能是翻个白眼、嘟嘟囔囔。我很清楚，因为有时候我跟孩子就是这么沟通的，好几次他都是这种反应。想要高效地达成目标，有时候少说话更好。像乔治妈妈那样过分关心或担心，孩子不仅听不进去，自信心也会受到影响。想象一下，如果你是乔治，听着这些唠唠叨叨会是什么感觉。你可能会想："我还需要这么多提醒，我实在是挺差劲儿的。"

相比之下，德兰妈妈认为孩子有能力跟富兰克林太太打交道，话里话外的意思都是孩子会做得很好，因为她还说了"再见"。这对孩子来说是多大的鼓励，给了孩子多大的自信！这个例子提醒我们，跟孩子讨论的时候只关注核心问题就好。说什么、不说什么可能需要掂量掂量，但是一旦顺利开始活动，少说为佳。

## 除了目标，还有生活

谱系孩子容易痴迷于某种兴趣，同样，家长有时候也容易执着于制定各种目标，希望促进孩子发展。但是，要知道转衔过渡阶段是一个循序渐进的过程，这个过程是长期的，比任何一个或者一系列目标都要重要。在帮助孩子度过这一阶段的过程中，我们应该为他们已经达成的并且能够享受的一切感到高兴。否则，我们的一生就太过执着于所谓成功的目标了，不管我们定义的成功是什么，我们都会错过欣赏沿路风景的机会。有的孩子虽然还没有一份稳定的工作，但却是社区活动小组不可或缺的一员。还有的孩子可能很难融入社会，但却是出色的钢琴演奏高手。每个孤独症孩子都有自己的优势，而且不止在一个方面。让孩子不要忘记这一点，这对孩子和家长都是一种鼓励，同时也是发展的基础。

除了跟家长相处之外，孩子还需要跟其他人相处，参与其他活动。与兄弟姐妹、朋友在一起，参加家庭聚餐、外出游玩、进行有益于身体健康的活动、做简单的家务，虽然这些跟您设定的那些目标未必直接相关，但是从长远看来，都是必要的、值得的。而且，这些活动也会向孩子传递一个信息，这个信息很美好、很有人情味，那就是："你是有价值的，你是和有价值的人在一起，不只是一个项目的一部分。"这个信息有着深远的意义，它会鼓励孩子建立自尊，建立一个平衡的、健康的生活方式。

对于所有处在转衔过渡时期的青少年来说，最难的一点就是要步入成人世界、自立门户、独当一面。因此，下一章我们将讨论如何帮助孩子实现独立。

## 拾贝 · 宝典

### 高中毕业之前

- 选择高中课程、校企合作教育安置项目或者志愿者项目的时候，结合长远目标进行衡量。
- 回忆以前最能调动孩子积极性的东西是什么，如果可能的话，把这个东西和现在的目标联系起来。
- 注意发现孩子最在意什么事情、什么东西。通过这些事情和这些东西去调动孩子的积极性，让他们尝试新事物。

### 高中毕业之后

- 最开始的目标，应该是孩子比较在意的事情或者东西。
- 设定目标的时候，尽量融入家长在意的生活目标，包括走出家门参加活动；刚开始的时候步子不要迈得太大，一次只针对一两件事情即可。
- 时刻准备提供陪练，如果孩子愿意，也可以请专业人士或者家人以外的人帮忙。
- 和孩子一起回忆过去做得好的事情，这样可以鼓舞士气。
- 如果目标不太现实，就换一个脚踏实地一点的，先找个"日常工作"，然后把这个不太现实的目标当成一个爱好，或者鼓励孩子为了实现这一目标做出某种让步，调整一下原有的生活规律。
- 如果家长觉得目标不大可能实现，但是孩子热情高涨，不妨试一试。说不定就成了呢，即便不成，也是一个宝贵的学习经历。

### 始终做到

- 以尊重的态度与孩子沟通，尊重他的自主权利，要辅助支持而不是命令要求，家长问的问题要让孩子有参与感，确认孩子本人确实想要实现这个目标，帮助孩子做好规划并开始行动，尽量不要表现出焦虑。
- 成功了记得要庆祝，不要忘了那些看起来与目标无关的人或者事。

第二部分

# 家长如何帮助孩子平稳度过转衔阶段

# 第 3 章

## 如何帮助孩子自立

　　孤独症谱系孩子家长有谁不希望孩子将来能独立呢？可能您从孩子一出生或者至少是从一诊断开始，就在努力帮助孩子提高独立性了。都是提高独立性，从高中到成年这个转衔过渡阶段和其他阶段又有什么不同呢？为什么有些时候我们反而会打击孩子的自信心呢？有谁能帮助我们应对这些困难呢？

　　本章将会回答上述问题，使家长能够更高效地帮助孤独症孩子提高独立性，我们将讨论下列问题：亲子互动的时候，什么样的互动会提升孩子的独立性、什么样的互动会打击孩子的独立性；哪些自理自立行为需要特别重视；帮助孩子学习这些行为的时候会遇到哪些实际困难；如何找到个案经理寻求专业支持；替孩子争取权益，在什么时候合适，什么时候不合适。有关独立生活的各种选择，将在本书第 10 章详细讨论。首先，我们要来讨论的是：为什么帮助处于转衔过渡阶段的孤独症孩子提高独立性会比较难？

### 为什么提高独立性会比较难，应该怎样帮助孩子？

　　在这个年龄阶段，提高独立性最主要的难点在于孩子的恐惧心理。我们希望生活有规律、希望提前知道会发生什么事情，这样可以少一些焦虑，而孤独症孩子在这方面的需求比大多数人要高。高中学业结束以后，这种规律的生活也随之结束，因此就比较容易出现焦虑情绪。在这个阶段，生活中的很多变化都是不可控的，孩子本来已经很焦虑了，偏偏家长还要求孩子去学习新的独立生活技能，这就有点强人所难了。

因此，应该在高中阶段就开始帮助孩子学习独立技能，然后在毕业之后继续推进。这样的话，就可以避免在孩子高中毕业面临困难的同时再给他加码（比如要求他更加独立）。您还可以在家里给孩子打造一个"安全港"，通过这种方式来降低他的焦虑水平（Waters, Ruiz & Roisman, 2017）。这种做法，其有效性在低龄孩子中的研究比较全面深入，不过对于青少年也同样适用。打造"安全港"，并不是让孩子整天待在自己的房间里，而是鼓励他们出去探索。家长要抑制自己的焦虑情绪，不要总是担心他们在外面会遭遇什么，要为他们把家准备成一个回来时能体会到安全感的地方。家长要认可他们的努力，对他们迈出的每一步都给予表扬。孩子遇到困难的时候，要表示理解和共情。尽量不要和他们产生冲突，也不要责怪他们。

除此之外，可以回顾一下本书第 1 章的内容，其中列出了一些与顺利就业和成功升学有关的因素，这些因素和提高独立性也有关系。回忆一下前期准备的主要方向（比如为继续教育选择过哪些高中课程、兼职工作或者志愿者工作），同时培养日常生活技能（比如自理和家务），并对未来保持乐观态度。看看在现有条件下，能不能在某一方面继续推进，上述哪一方面都可以。有关日常生活技能的内容，本章稍后会有讨论。

有证据表明，早期智力发育状况可以预示将来独立生活能力发展状况（Billstedt, Gillberg & Gillberg, 2007; Magiati, Tay & Howlin, 2014）。这个因素不是我们能改变得了的，但是我们可以朝着独立生活这个方向努力，设定与孩子能力相匹配的目标。比如，如果孩子有智力障碍，那么目标可以是学会基本的生活自理相关技能；如果孩子程度中等，那么目标可以是去职业学校，或者加入辅助就业项目；如果孩子程度不错，那么目标可以是提高条理性、培养社会性，这些都是进入大学必需的。

总而言之，对于处在转衔过渡阶段的孤独症孩子来说，提前着手、早做准备，让他感觉家是"安全港"，给他支持和鼓励，帮他学习日常生活技能，保持良好心态，设定与能力相匹配的目标，所有这些都为提高其独立性提供了良好的开端。

## 可能会出现什么问题？

尽管家长的出发点都是非常好的，但有时也会在无意中影响孩子独立性的发展。这不是家长的本意，而是因为可能已经习惯了这样和孩子沟通。这种方式在孩子小时候是好用的，但是现在已经不奏效了。我就以我自己对接过的个案举例，列举一下这些普遍"习惯"，您可以看看这些案例中有哪些不对劲的地方，想想在那种情况下，还有没有更好的方式有效地帮助孩子提升独立性。然后，花点时间，仔细回想一下自己家里是否存在类似的问题。

### 包办代替型：乔伊家

乔伊有孤独症合并智力障碍，一直上特殊学校。乔伊父母希望他能学会基本的生活自理技能，这样将来成年之后可选的辅助生活方式就会多得多。乔伊有一位作业治疗师，教他怎么穿衣服、刷牙、刮胡子，还教他其他保持个人卫生所需的基本自理技能。尽管有治疗师的辅助，乔伊每天早上还是得花几个小时才能完成这些生活自理任务，中间还需要父母提醒好几次。治疗师结束工作几个月之后，对乔伊及其父母进行跟踪回访，却发现这些自理任务大部分还是在由父母代劳。对此，他们解释说："孩子自己做实在太慢了，我们替他做要快得多，不替他做，他会很不开心。"

这里有什么不对的吗？您可能已经猜到了，乔伊的父母太习惯包办代替了，没有让孩子自己去体验、学习。当然，他们的做法也是可以理解的。但是从长远来看，如果乔伊要想像治疗师教他的那样完全学会自理，就要接受一些挫折。尽管孩子会经历痛苦，父母也会很心疼，但还是应该退后一步，放手让孩子自己去做。他们应该再耐心一点，每天早上多留出点时间，让孩子自己去练习这些程序，直到他能很快完成。

放手让孩子学着自己照顾自己，让他经历一些困难，最终对孩子、对父母都是有益的。让孩子尽管努力去做，即使偶尔的成功都会使他的自信心大大增加，觉得自己有能力照顾好自己。这种自信不仅可以提高孩子在基本自理方面的独立性，还可以提高孩子在生活其他方面的独立性。孩子在自理方面越来越独立之后，父母的生活也会多了很多自由。比如，以后早上家长就不用再留在家监督孩子完成这些自理任务之后再去上班了。随着自理能力继续发展，孩子最终可能不再需要父母陪伴，或者不需要太多监管，父母也许还能在周末出去玩一两天。孩子越来越独立，家庭生活质量也会大大改善。

**撒手不管型：蒂姆家**

蒂姆的父母一直认为，只要他们不过多干预，孩子自然而然地就会自立起来。蒂姆刚上高中的时候，父母看他好像很喜欢特殊教育课程，所以也没问过有没有可能让他和普通孩子一起上些融合课程。直到高中二年级，他们才意识到，能拿到文凭的那些课，蒂姆一门都没选。蒂姆表示对社交不感兴趣，父母也表示接纳，觉得这是"他天性如此罢了"。有一次，同学邀请蒂姆参加生日聚会，父母只是开车把他送到地方就走了，默认蒂姆自己会搞明白参加聚会应该做什么。蒂姆有个习惯，常常吃得太多，如果没人限制的话，他会吃到吐，但是他们都没觉得有必要把这个告诉聚会那家主人。从那以后，就没人再邀请蒂姆了。

高中毕业的时候，蒂姆只拿到了结业证明，他虽然通过了一些学分课程，但是不够拿文凭。问他接下来想做什么的时候，他回答说："逛街。"很快他就成了购物中心的常客，一天好几个小时泡在那里，一家店一家店地闲逛，逛完之后再看个晚场电影，然后回家。为了换换节奏，蒂姆的继父每周带他出去工作一次，让他帮着清点库存、分类货品。蒂姆对这个活儿好像还挺满意的，所以家长也没有采取进一步的行动来帮他提升独立能力。

蒂姆的父母对孩子的现状也挺接纳的，这倒也不是一件坏事。不过，就是因为他们过于接纳了，所以既没要求孩子克服困难学习新东西，也没要求学校帮助孩子开发潜能。如果家长的期望值能稍微高点，说不定蒂姆能发展得更好一些。他能待在购物中心不惹事，在电影院能跟工作人员沟通，还能帮助继父干点活儿，所有这些都说明这个孩子的程度在孤独症孩子当中算是不错的。但是在青春期阶段，因为家长没有积极寻求方法来尽可能促进他在学业和社交方面的发展，孩子走的是一条没什么困难的路。结果未来就是过着没什么价值的日子，每天没什么社交，生活中也没什么朋友。眼下看来，孩子还挺舒服的。但从长远来看，孩子与世隔绝，在社交方面非常幼稚，这很容易让他受到他人的伤害；没有工作经验，只能让他依赖社会救助。难以想象父母百年之后，他将如何生存下去。希望蒂姆的父母最终能够认识到，孩子未来的发展需要更多的引导和鼓励。

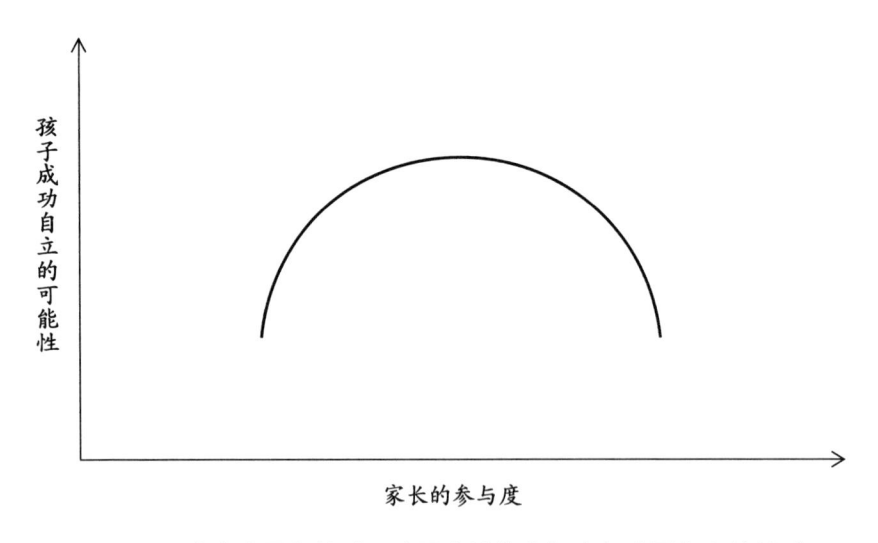

图 3.1　残障孩子家长对于孩子生活的参与度与孩子自立的关系

对照一下自己和孩子之间的关系状态，发现什么没有？您是像乔伊父母那样的包办代替型，还是像蒂姆父母那样的撒手不管型呢，还是把握得刚刚好，能够最大程度促进孩子的独立呢？再想想您的风格是否影响了他人对于孩子的看法：包办代替型家长的孩子可能看起来不太成熟、依赖性强；撒手不管型家长养大的孩子可能会因为行为不符合社会规范、肆意妄为而遭到谴责或者惩罚。如果您属于包办代替型或者撒手不管型，那就需要努力纠偏。就像图 3.1 中显示的那样，我们的目标是家长适度参与，这个度要适合孩子的需求或者孩子遇到的问题，这样才能最大程度地为孩子平稳过渡保驾护航。

**全世界都欠我型：舒雅家**

父母离婚以后，舒雅几乎 24 小时都跟妈妈待在一起。妈妈对舒雅的学业特别在意，下定决心要保证让她做到最好。高中开学第二天，妈妈就去了校长办公室，舒雅的心理教育评估报告中给了一些建议，她要求校方解释这些建议为什么还没贯彻实施。没过多久，她又去了一趟校长办公室，这次是因为除了三门比较难的课程，学校还给舒雅安排了一门生活技能课，这门课没有学分，对拿文凭没什么帮助。有一次，舒雅有个小测验没过（这个测验的分数只占期末总评的 2%），结果妈妈就质疑特教老师的资质水平，并且额外给舒雅加了辅导课。她还知会校长说，如果师资水平再出现问题，她就会投诉到督学那里。为了避免再闹出矛盾，校长最后决定尽量不给舒雅安排正式的考试，对她的评估基本上只看平时的作业分数。这些作业都是家庭作业，都是舒雅在妈妈监督下完成的。舒雅妈妈对此欣然接受，但其实这些作业中有多少是舒雅自己独立完成的，有多少是妈妈代她完成的，一直就是一笔糊涂账。

舒雅在学校很受孤立，好在她家附近有几个比她小的小朋友，这些孩子跟她一样喜欢时装娃娃。妈妈允许她交朋友，但总是提醒舒雅学习是第一位的。

在妈妈的帮助下，舒雅被当地一所大学录取了。妈妈让心理医生写了一封信，上面列举了一长串需要学校提供的辅助条件，以便保证舒雅顺利就学。尽管妈妈付出了很多努力，舒雅最后还是宣布，自己实在厌倦了"学书本上的知识"。她从大学退了学，去了当地一家幼儿园做志愿者。

大部分家长都会在意孩子能否进步，都会替孩子向学校争取权益，但是舒雅妈妈有点走极端了。她对孩子的未来太焦虑了，这让她向学校提出了无理要求。这样做的后果就是，把想要帮助舒雅的老师越推越远，也打击了舒雅的独立性，影响了她的进步和成功。

对于出现在孤独症孩子生活当中的那些人，家长应该如何避免对他们要求过于苛刻呢？首先要记住一点，家长之所以如此极端，可能是因为自己太过焦虑。教育工作者会帮助孩子，但可能不会很快进入角色。要耐心一点，相信他们是愿意并且能够提供帮助的。其次，面对孩子的困难，不要太有代入感。舒雅测验没过的时候，妈妈的反应就好像是自己没过一样，这种感受将她的反应放大了好多倍。为了避免这种情况发生，家长要理智一点，分清自己的感受和孩子的感受。另外，对于孩子的困难，要表示共情。想想如果您是十几岁的孩子，做什么事没成功，您会希望爸爸妈妈说什么呢？您希望爸爸妈妈说什么，您就对孩子说什么。有关学校的事，您会希望爸爸妈妈怎么做呢？您希望爸爸妈妈怎么做，您就怎么做。再次，尽量不要抱怨。有些人虽然想要帮助孩子，但是可能心有余而力不足，不过他们一般不会有什么恶意。就当他们是正在为工作而痛苦挣扎的战友吧，帮助他们理解孩子的需求，跟他们说说有哪些方法已经证实了比较好用，同时也要倾听他们的想法，这样你们才能共同合作。最后，要假定孩子是有能力做好的。舒雅妈妈觉得自己必须一而再再而三地替孩子争取权益，原因之一就是她不相信孩子在需要帮助的时候可以自己主动求助。其实花几分钟，和孩子一起讨论一下怎么争取自己的权益，妈妈可能就不会那么焦虑了，同时也能让孩子更加独立。

**批评指责型或者互相埋怨型：罗伯特家**

回想一下本书第1章里提到的罗伯特家的例子。罗伯特的父母和老师配合得很好，对孩子的社交活动和课外活动也很支持。在高中阶段，孩子需要多少辅助、家长应该参与多少才有利于发展，他们对此也有很好的判断和把握。罗伯特高中毕业以后，父母双方也都在努力促进孩子独立。爸爸觉得儿子的生活方式太过懒散，觉得批评一下就能督促他迈出家门去工作。妈妈觉得继续学业才能帮助他进一步自立。但是，爸爸的批评让罗伯特觉得很受伤，也很愤怒，所以他就缩在自己的房间里不出门。妈妈逼着他回去继续念书，也让他觉得是在开倒车，因为他才刚刚从学校里走出来。这些都让他非常沮丧，于是他就更加退缩和逃避。另外，每次爸爸批评他的时候，他都会去找妈妈寻求安慰。每次妈妈游说他上职业学校的时候，他又会去告诉爸爸他觉得妈妈当他是个孩子。直到心理健康专家介入之前，父母的意见一直都有分歧，家里没能给罗伯特一致的辅助和鼓励，但显然他需要这种辅助和鼓励才能走向独立。

**爸爸指责他没有进步，对他没有情感上的支持。这种做法本意是要督促他采取行动，但是结果却是把孩子推开，让孩子备受打击。罗伯特的退缩和消沉让爸爸觉得既害怕又担忧，于是他与罗伯特互动的时候就更生气、对罗伯特的批评就更频繁，罗伯特就更加退缩逃避，这就形成了一个恶性循环。而妈妈呢，听不进去孩子的想法，一个劲儿地催他继续学业，同时抱怨爸爸的态度影响了孩子的进步。两位家长的做法无意中影响了孩子的独立，家庭矛盾也随之而来。**

**很显然，家人之间互相埋怨不可能促进孩子的独立。如果您觉得自己家里存在这样的情况，就应该有意识地努力去改变这种对话方式。说话要站在孩子的角度，或者您要指责的家人的角度。仔细听听他们的想法，总结他们想表达的意思，之后再加入自己的判断。尽可能地用"我觉得……"这样的句型开头，而不是上来就说"你怎样怎样"。如果觉得这种互动很难，那就找个处理家庭矛盾问题很有经验的心理健康专业人员做个咨询。**

## 帮助孩子走向独立

前面的几个案例说明，要提高孩子的独立性，就不应该总是指责批评孩子。同时还要注意把握参与度，既不能包办太多，又不能撒手不管，要给孩子机会让他边体验边学习。

除此之外，家长应该以解决问题为导向，这样的思路很有帮助。和孩子一起坐下来、直面困难，共同商讨出尽可能多的问题解决办法。头脑风暴过后，帮助他们对这些方法的好处和缺点进行整体评估，鼓励他们去尝试最理想的那个。持续跟进，关注事情进展，如果需要的话，还可以进行下一轮评估。我的另一本书《问题导向法在儿童以及青少年心理治疗中的应用：基于技能、共同合作》（*Problem Solving in Child and Adolescent Psychotherapy: A Skills-Based, Collaborative Approach*）中对此方法有详细阐述（Manassis, 2012）。这种方法的好处在于家长既能帮助孩子梳理思路、提前规划，同时也能让孩子自己为自己的事情操心，培养抗挫折能力和独立性（Cowen et al., 1997）。慢慢地，他们就能学会自己按照问题导向法的步骤进行思考了。而且这种方法对家长的心理健康也有好处。有研究表明，与使用其他策略的孤独症孩子家长相比，使用这种方法的家长表示自己的压力没那么大了，生活质量也提高了（Vernhet et al., 2019）。在下面这个案例中，家长综合使用了上述策略，既注意把握自己的参与度，让孩子有机会边体验边学习，同时还使用了问题导向法，帮助孩子提高独立性。

**梅希**

梅希有孤独症合并严重的学习障碍，而且还患有癫痫，但是在特教助理的辅助下，她能在普通高中的特教班就读。梅希妈妈有心理健康方面的问题，所以梅希是由爷爷奶奶带大的。他们很喜欢梅希，但是也清楚地知道孩子需要学会独立做事。梅希刚进高中，他们就去咨询特教老师的建议，了解如何提高孩子的自主学习能力。根据老师的建议，他们帮着梅希选修了一些课程。这些课程有点难，但也符合她的能力水平。他们还帮梅希制订了结构化日程，上面标记着交作业时间和考试时间，还规定了每天做作业的时间。他们鼓励梅希有需要就求助，但同时也表示相信她只要努力就能自己完成大部分作业，而梅希确实也做到了。他们还通过类似的方法鼓励她跟朋友交往。

梅希觉得压力太大濒临崩溃的时候，他们会给她一个拥抱，鼓励她深呼吸，等着她平静下来。之后会关注她面临的问题，问她"当时还有什么别的办法没有？"每次梅希提出什么想法，他们都会奖励她25美分，鼓励她自己思考，之后帮她选择可能有用的办法。这样练习了没多久，梅希难过的时候很快就能恢复平静，开始想其他对策。高中快毕业的时候，她已经可以就很多事情独立做出决定，比如自己的社交圈子、假期计划等。她知道爷爷奶奶永远站在她这边、给她支持，会保护她、保证她的安全，也会为她越来越独立感到欣慰。

家长们都希望自己能一直做到像梅希爷爷奶奶那样，但是确实很难。我自己也努力以他们为榜样，但是我得承认我只有状态好的时候才能做到。状态不好的时候，我很容易就变成乔伊家长那样（包办代替型）或者舒雅家长那样（全世界都欠我型）。不过，就算您也有过类似经历，也不要太过内疚：谁都不能保证自己时时刻刻都保持着最佳状态。

## 应该什么时候替孩子争取权益？

另外一个比较棘手的问题是，家长应该什么时候替孩子争取权益、应该什么时候鼓励他自己去争取。我们拿蒂姆和舒雅的例子来比较一下。蒂姆的父母几乎没怎么联系过学校，他们指望教育体系能够照顾到孩子的所有需求，自己不用付出什么努力，没有为蒂姆争取过权益，因此蒂姆少了很多发展自己潜能的机会。相比之下，舒雅的妈妈总是对校长说自己孩子需要这个、需要那个，每次都是长篇大论。但她插手的事情太多了，反倒把校长越推越远，影响了孩子的进步，也剥夺了孩子学习为自己发声的机会。

孩子面对某些情形的时候，家长是否需要介入，家长的介入是有所帮助还是过度干涉，有时候不是那么容易把握，表3.1总结了一些判断原则。如表中所示，如果问题比较严重，而且家长在处理问题的时候能比孩子更加平

表 3.1 是否应该替孩子争取权益

| 可以替孩子争取权益的情形 | 应该让孩子自己或者其他人去争取权益的情形 |
| --- | --- |
| 孩子遭到身体上的虐待或者语言上的侮辱，尤其施害者是上级或者权威人物时 | 孩子遭到同龄人戏弄嘲笑 |
| 家长去讲比孩子自己去讲更清楚、更有效 | 家长不了解全部事实，或者孩子自己也可以讲清楚 |
| 孩子很生气，家长很平静 | 家长很生气 |
| 孩子自己没有能力应对和处理，而家长可以起到较大作用 | 家长自己没有能力应对和处理，需要找人介入 |
| 这种情形虽然很少有，但却很严重 | 类似情形经常有，家长之前已经多次投诉过 |
| 孩子遭遇不公、受到污蔑 | 孩子成了别人可怜的对象 |
| 家长与处理问题的人相处融洽 | 家长已经被贴上了"胡搅蛮缠"的标签、被拒之门外 |

静、更有条理、更起作用，那么家长就可以去替孩子争取权益。如果问题不是特别严重，或者孩子很有可能自己就能维权，那么家长就不要插手。在这种情况下，如果孩子表现得很有底气，那就给他加油；如果没有，那就忽略这个问题。另外，如果对于这个情况，家长自己就先乱了阵脚，那就尽量不要在这个时候去替孩子出头，情绪平稳的时候去才会比较有效。

如果家长觉得自己和孩子都没有能力来面对这个问题，那就请"友军"或者个案经理来帮忙（本章后半部分会详细讨论）。有些时候，请教育顾问、心理专家或者其他教育专家与校方会谈，在校方眼里会显得更加正式，这个时候家长提出自己的担心就更加合理。

## 谁来帮助家长提升孩子的独立性？

朋友、家人，还有专业人士都可以参与这一过程。比如本书第 1 章中提到的罗伯特的案例，他在高中的时候有个非常喜欢的老师，高中毕业后那位老师提供了一些指导，帮助他更加独立。对于很多孤独症青少年来说，有个导师或者"可找的人"，就像有一座桥，帮助他实现从依赖家长到走向独立的过渡（Ozonoff, Dawson & McPartland, 2002）。老师、教练、兴趣小组的领队，或者是其他值得信任的大人，只要是愿意陪伴孩子度过这个时期的人都可以承担这个角色。还有专业人士，也可以在自己的专业领域提供帮助。升学辅导老师可以帮助孩子制订继续教育计划，就业顾问可以提供就业指导，孤独症相关机构可以协助社会融合，家庭医生可以协调卫生保健事宜。

家长需要考虑的问题是：应该由自己来领导这个团队，还是把这个任务交给个案经理？如果是家长来做，那就是在亲子关系基础上继续，不需要孩子去经历信任、适应其他成人的过程。家长非常了解孩子，所以可能也会比陌生人更加得心应手。不过，这个任务需要投入大量的时间，所以除非您已经退休，并且准备好自己的一切都要围着孩子转，否则也会比较困难。比如，帮孩子找工作，可能需要您一接到通知，马上就得放下手头所有事情陪着他去面试；让孩子参加社交技能小组活动，可能需要您连续几天带她练习乘坐公交、熟悉公交线路，这样的话她才不用让家长陪着一起去，免得不好意思。而且，还必须是孩子自己有意愿和家长一起朝着这个目标努力，而不是完全依赖家长。这个度不是很好把握，也不是所有家庭的亲子关系都那么好，都能接受这种走钢丝一样的挑战。

因此，很多家长转而寻求个案经理的帮助。个案经理，指的是能够帮助协调孩子在转衔过渡阶段所需服务的专业人士。之前在第 1 章曾经提到过，很多研究都表明如果能请到这样的人来介入，效果会大大提高（Myers et al., 2015）。

那么到哪儿能找到这样的个案经理呢？您可以先和家庭医生、心理健康专业人士（如果他们之前介入过孩子个案的话）或者本地的孤独症服务机构聊聊。他们可能会给您介绍比较合适的专业人员。最理想的是，在孩子还没高中毕业的时候就做好准备，这样的话个案经理可以在转衔过渡阶段之前就与您和孩子建立联系。

选择个案经理的时候，比起有没有专业资质证书，更重要的是有没有孤独症相关工作经验，以及需要帮助的时候是不是方便联系。要保证所找的人对于所在地区的资源情况非常了解，能够和孩子建立融洽的关系，能够注重孩子的长处和优势，愿意了解您对孩子、对家庭情况的担忧，还要有足够的时间来跟进个案。个案经理要保证能够代表孩子去和其他专业人员沟通，而不是仅仅指望您和孩子去跟那些人联系。如果不与专业人员进行接洽就提出相关建议，那么这个角色只能算是顾问，不能叫作个案经理。个案经理还应该帮着把孩子的需要按轻重缓急进行排序，一次只针对一到两个问题进行干预。如果只是一股脑儿地列出一大堆建议，不分先后顺序，那也只是顾问而不是个案经理。经验丰富、能够提供帮助、还愿意长期与您和孩子一起努力的个案经理是可遇而不可求的，遇见了一定要好好珍惜。

## 评估孩子的独立生活技能水平

不管您是不是要请个案经理介入，都可以在家教孩子学习某些独立生活技能。这样的话，到孩子高中毕业之前，已经进行了几轮的技能训练。以我儿子为例，他在学龄前参加过"学穿衣学吃饭"的小组项目，上小学的时候参加过几次一对一的作业治疗，上高中的时候在生活技能课上做过超市购物实践，在青少年社交小组活动中还曾经乘坐公交出行。不过，所有这些训练都是短期干预课程，这些课程只涵盖了几种日常生活技能，而且后续没有跟进动作来保证孩子掌握和巩固。因此，有些必备技能就被忽略了，有些学过的技能也都忘了。简而言之，到高中毕业之前，孩子在能力方面还有很多欠缺，不足以照顾好自己，满足不了成年生活的要求。

而且，作为家长，您自己可能都意识不到孩子在哪些方面有欠缺。很多日常琐事，我们都是不知不觉就做好了，所以可能意识不到孩子做不到。如果孩子属于高功能，那么欠缺的部分可能是"独立生活技能"。这些技能包括社区出行所需的技能、条理组织技能，家里东西坏了要会修，会使用各种工具，还得会安排自己的饮食计划、会花钱管钱、会解决问题，能够进行复杂的社交互动（比如与人同住）。如果孩子的程度一般，那么欠缺的部分可能是"日常生活技能"。这些技能包括生活自理技能，掌握简单的厨艺，会做家务，有基本的社交技能，还知道怎么花钱买东西。

有些问卷可以用来评估孩子在哪些方面还有欠缺，比如"魏斯曼日常生活技能评估表"（简称 W-ADL）就是专门针对有发育障碍的青少年及成人设计的，在网上就可以免费下载，设计简洁、效度较高，涵盖不同程度所需的日常生活基本技能（Maenner et al., 2013）。问卷中所有问题，都有三个答案选项供选择，分别是"不能""有人帮助的情况下能"以及"能独立完成"。在很多问题里都选了第二个选项的家长还真不少。针对这些问题，想一想孩子分别在哪些方面需要帮助，一次教一个方面。比如，问卷中有一道题是有关理财和管理银行账户的。对于这个项目，很多孩子是从去实体商店进行现金交易开始学起，包括分析某件东西是否卖得太贵，或者找零对不对等。之后，再慢慢学着使用借记卡和自动取款机（注意：除非孩子有很不错的理财意识，否则不建议让他们使用信用卡）。然后，再学着怎么做月度预算、怎么量入为出。每一步都要学会新东西、新办法。举个例子，想要不超预算，我和我儿子找到的方法包括：不买书或者 DVD，而是去图书馆，不在电影院小卖部买东西（那里的吃的卖得贵），出行一次一起办几件事，这样可以尽量压缩交通费用。所有这些方法听起来好像都是理所当然，但是对于发育障碍的孩子来说却并不如此，都是应该好好教给他们的。

如果孩子属于高功能，也有其他的问卷专门针对独立生活技能进行评估，不过这种问卷大部分都是在专业咨询中使用的。另外，家庭所在的社区资源不同，对这些技能的要求也会稍有不同。因此，可以向当地专门帮助发育障碍或者孤独症人士的作业治疗师或者机构进行咨询，列出所在地区的有用资源。要教授这些技能，可以使用之前谈到魏斯曼日常生活技能评估表的时候描述的策略方法。如果家长的时间有限，或者孩子不适合由家长来教，或者要学习的技能非常复杂，就可以请家庭医生或者个案经理推荐作业治疗师来做。

## 帮助孩子学习具体的独立生活技能

帮助孩子学习具体的独立生活技能时，要记住一点：孤独症孩子通过观察进行学习的能力有限。因此，应该先给出一步步的指令，再进行实践训练，这样学习效果最好。这种方法称为"学徒模式"学习（Schwartzman, 2015）。首先，"师徒"二人一起完成一项任务。比如，洗衣服的时候，可以先让孩子帮忙，之后再让他自己做，尽管他可能只是喜欢看衣服在洗衣机里转；再比如，先和孩子一起乘公交，之后再尝试让他自己坐车去喜欢的地方。"师傅"做这些的时候，要一边做一边解释自己在干什么。然后，让孩子自己做一部分，再之后是由"师傅"监督完成全部，最后才是独立完成。还用洗衣服的例子，刚开始可以让孩子把衣服分类，同时给他示范讲解怎么使用洗衣机，然后看着他操作，最后让他独立完成。

孩子学会某项技能之后，可能还需要提醒或定期练习。比如，可以让孩子在手机上设置重要事项自动提醒，这样就不用家长帮忙了。对于不太经常做的事情，要想办法多练习。举个例子，孩子还不太会给公交卡充值，每个月都是家长帮着充值，那就试试每周充一次，每次少充点钱。这样的话，孩子练习次数多了，很快就不再需要家长帮忙了。

如果是很复杂的技能，不太好学呢？比如，对于有些程度一般的孤独症孩子来说，自己洗澡洗头可能就是比较高的要求。那么家长可以把任务分解成若干小步骤，每一步逐渐减少辅助，这样比较有帮助。最开始的小目标是让孩子学会怎么打湿身体、怎么打沐浴液、怎么冲洗干净。之后，让他学会怎么弄湿头发、怎么打洗发水、怎么冲洗干净（因为有些孤独症孩子感官敏感，对他们来说不太容易）。下一步是用毛巾擦干，最后穿好衣服。另外，洗澡的准备工作，比如提前准备香皂、洗发水、毛巾、衣服，并且摆放就位，等等，也可以算一个步骤。调节水龙头保证水温适宜，可能也需要练习。最后，把所有步骤连贯起来，肯定也需要练习。

对于高功能孤独症孩子来说，求职是比较常见的复杂技能。这项技能包括下列步骤：做个人简历、了解如何在网上搜索招聘信息、知道怎么填写求职申请、演练如何接打与工作有关的电话、乘坐公共交通或者搭别人的车去面试，到了工作场所如果是其他人接待的话，还要演练应该怎样提出面见面试考官或者经理，此外还要提前练习怎样回答面试问题、怎样保持举止得体。如果是去参加招聘会，一般都是比较吵闹嘈杂的环境，这也是一个挑战，需要学习如何应对。每一步的技能都要进行训练，之后才能组合在一起，达到效果，这个要求在本书第5章还会详细讨论。

如果有些技能孩子的确很难学会，那就要考虑做出一些调整。举个例子，有些孤独症孩子就是没有精细动作控制能力，没法学会系鞋带，那么最好的办法就是穿那种一脚蹬或者带魔术贴的鞋子。有些孤独症孩子觉得大商场太吵，受不了在里面购物，那么最好的方法就是网购。

不过，尽管可以采取这种系统性的方法，可能还是会有其他困难。比如，您在教孩子学习日常生活所需技能的时候，可能不会自然而然就想到前面说的那种分解步骤的方法。那么刚开始教孩子学习复杂技能的时候，咨询一下作业治疗师（如果是求职技能，就可以咨询工作教练），可能会有帮助。作业治疗师一般是挂靠在孤独症专门机构，工作教练一般是在职业介绍所工作，不过家庭医生或者个案经理也可以给家庭介绍。

孤独症孩子在发展过程中还会遇到特有的困难，比如，公共交通上嘈杂拥挤的环境，对他们来说可能就是超负荷了，那么刚开始的时候就需要在非高峰时间练习使用公共交通。他们还会痴迷于特别的兴趣爱好，与此相关的东西在他们看来都是无比珍贵的，不管家长怎样教育他们要考虑自己的财力状况，他们都会忍不住去买，所以要规定好最多可以买多少。当然，孤独症必然也会影响个体的社交独立性（比如结交朋友和维护友谊）。举个例子，孤独症孩子可能搞不清楚认识的人、朋友以及密友之间的区别，也就不知道给这些人发多少信息是合适的。本书第7章将会详细讨论类似的社交问题。

## 学习新技能要分清轻重缓急、要给予表扬鼓励

一般来说，孤独症孩子不愿意一次尝试多项新事物、新东西，因此家长需要分清轻重缓急，把最急需学习的技能、比较容易学习的技能或者是孩子最感兴趣的技能排在前面。时机也是一个需要考虑的因素。通常早上的时候要为一整天的学习工作做好准备，比较紧张忙碌，而晚上就相对轻松，所以应该先从能够在晚上练习的技能开始。还需要注意的是，使用比较频繁的技能更容易学会。因此每天都能用到的技能，就比一周才用一次的学得快一些，而一周能用一次的，就比一个月才用一次的学得快一些。学习不常使用的技能时，要对孩子耐心一点。

很显然，学习新技能需要孩子有积极性才行。如果可能的话，可以使用自然强化来调动学习积极性。举个例子，可以这样说"等你学会用银行卡了，我们就可以去漫画书商店了，你不是一直想买那本漫画小说嘛"或者"等你学会坐公交车了，就不用等别人有空才能送你去看电影，这样的话电影一上映你就可以自己去看了"。这些例子都表明，孤独症孩子对于与自己兴趣爱好有关的生活技能经常会有更积极的响应。另外，以"等你怎样怎样"开头的这种句型会传达出一个信号，那就是您相信孩子能够学会，这样对孩子也是一种激励。如果一天中有段时间是没有计划、"无所事事"的，就可以在这段时间安排孩子学习新技能，孩子可能也会比较愿意去尝试。拿我儿子来说，他在不工作的时候，习惯每天上午出去练车。最后一点，孩子能够独立做事，您为他感到自豪，这也是一种强化，所以说到日常生活技能的时候，要把这些看作是成熟和进步的标志。

有些活动可能对孩子不够有吸引力，不足以让他们愿意去尝试。在这种情况下，可以尽量创造某些情境，人为地让这些活动发生。比如，如果孩子对于如何使用自动柜员机不感兴趣，那家里就不要再给他们现金。如果他们自己搞不定自动柜员机，那就必须得学了。同样，如果没有您帮忙孩子就不喜欢做早晚洗漱这些事情，那您就可以利用周末制造不在家的机会，找个大

人帮着监督孩子来做这些。如果他们自己搞不定，那就必须得学了。有些时候，如果我们一直"支持"他们不成熟，那么他们就永远不会成熟起来。

比较温和的做法是给他们有限的选择。举个例子，您可以这样问："你这周想给哪个朋友打电话呀？"这个问题给了孩子选择，同时也暗示他至少要给一个朋友打电话。面对选择，大部分孩子都会给出积极的回应，因为这体现了大人对他们自主权的尊重。不过，暗示他要给朋友打电话，这也只是温柔地推了他一把。

如果孩子反复练习某项技能都没有成功，感到有点泄气，那就等一等，之后再继续练习。除此之外，还要再次确认，该项技能与孩子的发育水平是否匹配，您有没有无意之中影响他们的独立性（本章"可能会出现什么问题？"一节中曾有过讨论）。在这种情况下，向作业治疗师这样的专业人士咨询可能会有帮助。

总而言之，家长既要教孩子学习新技能，又要根据轻重缓急安排教学顺序，还要鼓励孩子学习这些技能，同时自始至终都要培养孩子的独立性，这确实不是一件容易的事，通常需要专业人士的辅助。但是一旦做到了，孩子将来就会更有能力，能够勇敢面对这个世界，从容应对各种问题，而不是退缩逃避——所有这些，家长从前可能想都不敢想。

## 拾贝 · 宝典

### 高中毕业之前

- 提前着手准备，帮助孩子独立，学习日常生活技能，对未来保持乐观态度。
- 如果可能的话，找一位合适的导师，帮助孩子提高独立性。
- 考虑是否需要请有转衔过渡工作经验的个案经理介入，如果需要，可以请家庭医生、心理健康专业人士或者本地孤独症机构帮忙介绍。

## 高中毕业之后

- 与家庭医生或者个案经理一起讨论孩子在独立性方面还有哪些困难或者欠缺，确定解决方案：是在家学习，还是请作业治疗师，或者双管齐下。
- 根据轻重缓急来安排学习新技能的顺序。
- 通过"学徒模式"帮助孩子在家学习新技能，把复杂任务拆解成若干小步骤。
- 通过自然强化来提高孩子学习新技能的积极性，把孩子学会新技能当作成熟进步的标志，逐步减少辅助，提供有限选择。

## 始终做到

- 在家里为孩子打造一个"安全港"，这样孩子才能放心安心，知道自己背后有家长的全力支持，敢于大胆去尝试探索独立活动。
- 根据孩子的能力设定合适的目标。
- 家长不要包办太多，但也不能撒手不管，或者埋怨家里人或是其他人，这些都会破坏孩子的独立性。
- 问题不是特别严重的时候，不要替孩子出头；除非家长面对问题的时候能比孩子头脑更加冷静、条理更加清晰、行动更加有效，否则也不要替孩子出头。
- 如果家长和孩子的意见建议对方听不进去，那就请个案经理或者教育专家介入来争取权益。
- 使用问题导向法帮助孩子面对困难。

# 第 4 章
## 选择最理想的教育形式

不管孤独症孩子的程度如何，要充分发挥他们的潜能，都必须有良好的教育。本书第 1 章中曾经提到，孩子上高中的时候就要开始着手准备，这是确保顺利进行继续教育的关键。不过，您可能还不太清楚到底应该准备什么，如何帮助孩子做到这些。如果孩子已经高中毕业，您可能想要了解如何能更好地支持孩子完成目前的继续教育计划。本章将会讨论上述问题。除此之外，针对不同能力有各种不同的继续教育形式，本章将会探讨这些教育形式的优缺点。

### 高中阶段未雨绸缪

高中阶段需要提前做好的准备工作包括两个方面：首先，要保证所选班级和课程都符合未来目标；其次，由于孤独症会导致一些困难，这些困难会影响继续教育的顺利进行，在高中毕业之前应该尽量接受有针对性的治疗。下面按顺序详细讨论。

### 选择合适的班级

对于孤独症孩子来说，全天都上普通班并不见得是一个理想的选择。这种班级通常只适合程度非常好的高功能孩子，而且即便是这些孩子也需要特教助理的辅助才能顺利读下去。但是，不是所有地方法律都支持提供这样的教育援助。按普通教育的做法，确实允许学生追求各种各样的人生目标，也会辅助孤独症学生与普通同龄人互动及在此过程中学习进步，但是全天都跟随普通班级活动，并不是每个孤独症孩子都能应付得来。对于孤独症孩子来说，普通班级里的感官刺激、学业要求或者集体活动实在是太多了。

因此，可以根据孩子的能力水平，考虑多样化的学业安置形式。有些孤独症孩子可以参加一部分普通班级活动，其他时间可以上小班型的特教课，去学习对他们来说比较难的课程。高中阶段的语文课，重点强调抽象推理，对文学作品的各个方面进行解读，琢磨作者的写作意图，这些内容对于大部分孤独症孩子来说，都是比较困难的。还有些孤独症孩子，尤其是伴有智力障碍的孩子，可能需要全天的特殊教育，甚至是在特教学校就读。

如果在同等的学业水平上有不同的学业安置形式，不同形式有不同的日程安排，那就要考虑一下哪些是与孩子的生活规律最为契合的。如果最难的课程安排在上午，而孩子恰恰不是早起型的，那这种课程对他来说可能就不合适。有些学期的作息安排，每天不是上十来节小课，而是上三四节大课，这种形式对于不适应频繁转换的孤独症孩子来说，是有帮助的。

关于学业水平，如果有多种选择的话，那么选择针对高功能孩子设置的班级是比较有益的。针对低功能水平设置的班级，教学内容设计是针对"最低公分母"的，这样的话，对班上处于领先位置的学生来说，可能就会限制其学业进步。相比来说，在针对高功能水平设置的班级里，学习能力较强的学生可能会努力与普通学生齐头并进，这样就可以最大程度地促进他们的学业进步。当然，如果学习内容特别难的话，也会导致沮丧情绪。

除了找到合适的学业安置形式之外，还要找到优秀的老师。这里说的优秀，指的是既坚持原则又鼓励学生，对教学高标准严要求，能看到学生的优点，在孤独症学生教学方面有丰富经验，愿意倾听家长的意见建议。最重要的是不会放弃要求孩子进步，而且比较理想的是高中这几年一直都在。如果孩子能够信任这样的老师，并且与他们默契配合，肯定会取得很大进步。如果有这样的老师，一定要牢牢抓住，就算需要与校长交涉也在所不惜。如果有合作默契的优秀特教助理，也是一样，如果孩子和某位特教助理相处非常融洽，一定要继续保持联系。

技术方面的辅助和社交适应练习也很重要。现在有很多为学习障碍和孤独症学生提供辅助的软件。根据学生的不同需要，这些软件有辅助阅读的、支持语音转写的，有帮助学生学习打字、算数的，还有提供输入提示、写作提示的。需要用户在自己的专属笔记本电脑或者平板电脑上使用，因为流转使用的硬件设备可能会导致用户混淆或者不小心删除程序。指导老师也需要经过培训，学习如何使用这些软件，以便更好地指导学生使用。不过，这种培训不一定总有。在这种情况下，找到辅助技术方面的专业辅导还是比较值得的。有些时候，技术含量低的办法也可以起大作用。有些办法看起来有点可笑，但是却很有效，比如孩子感官敏感的话，那么买一大堆网球给教室桌椅装上就很管用。把网球绑在桌椅腿下面，这样拖动的时候就不会发出声音。

不必过分强调同学之间的社交适应练习，因为高中阶段的首要目标是学习，不是社交。基本的要求是学生之间互相尊重，控制负面情绪以及彼此合作完成某些作业。如果有个好老师的话，这些要求一般都能保证。至于希望通过社交带来更多的益处，那就是锦上添花的事了，可遇不可求。尽管对于很多学生来说，在班上有一两个朋友是件好事，但并不是非有不可。

**选择合适的课程**

整个高中阶段，选课的时候都应该注意，要把那些能为实现目标添砖加瓦的课程包括进去。为了避免让孩子受挫折，老师们难免会倾向于"快乐教育"，在学业上不做什么要求、不难为他们——一定要注意不能这样。要关注成绩报告单，确保程度一般的孩子也能取得进步，最终能拿到高中文凭或者结业证书。否则，要向校方提出交涉，必要时要求校长或者督学介入。

尽早帮助孩子设定比较现实的职业目标，以便他们选择与自己能力相匹配的高中课程。如果目前还确定不了目标，那就看看能不能先重点关注某个学科领域，比如是理科，还是文科或者经济。之后，选择在这一学科不同方向都要求必修的那些课程，这样将来的出口能多一些。有些孤独症孩子非常执着于某一特定的职业目标，但这个目标又不是太现实，这种情况也适用这个指导思想。比如，孩子一门心思想做一名电子游戏设计师，但是学业上却比较困难，也不确定能不能考上大学，那么可以选一些实用性比较强的计算机相关课程。

如果发现孩子没有进步，要查找原因。找比较了解孩子的老师，问问是什么原因、家长在家应该怎么配合。有可能是因为高中每天上课顺序都不一样，对于很多孤独症孩子来说，确实比较混乱、觉得不舒服。那就跟学校商量，日程安排能不能有规律一些。有可能是因为特教助理总是换来换去，那就要求保证同一位特教助理，如果可行的话，可以另外付费。也有可能是因为孩子对安排的课程不感兴趣，那就请学校每天至少安排一节孩子非常感兴趣的课程，这样的话他们每天都有点盼头。还有可能是因为学校活动不让孩子参加，孩子觉得自己被孤立排斥，那就要求学校至少提供一种课外活动创造融合机会。还有可能是因为孩子的组织条理技能比较弱，应付不了课业要求，那就向本书第 3 章里提到的梅希爷爷奶奶学习，问问学校什么时候交作业、什么时候考试，看看在家能给孩子什么样的帮助。在孩子的手机里设置时间提醒，帮助他们学习统筹规划。做个作业时间表，在孩子需要的时候提供帮助。

**对症下药、积极干预**

相关研究表明，如果孤独症孩子能够接受干预，提高执行功能（即规划、组织技能等），学习如何进行自我管理、如何做出决定、如何解决问题、如何与人打交道，学习使用科技产品，学习独立生活技能，学习如何对他人说明自己的残障状况、如何申请学业上的支持资源以及其他福利待遇、如何争取社会支持和自然支持等，将会受益良多（Carter et al., 2013）。但是，大部分高中老师一看到有这么多要做的，就望而生畏了。他们的教学压力很大，很难再承担这些任务，哪怕减掉一半都够呛。

不过幸运的是，不是每个孩子都需要在上述所有领域进行大量的训练。

大部分高中的特教部都会为孤独症孩子制订个别教育计划，详细描述个案的优势和需要帮助的方面。制订计划前需要先做一个心理教育评估，所以要做好思想准备，如果学校的心理医生无法及时安排评估（申请评估的太多了，他们常常忙不过来），那就自己出钱做一个。根据评估结果以及老师、家长和孩子本人的意见，按轻重缓急来安排这些技能的学习顺序。刚进高中的时候，执行功能和自我管理技能是需要优先学习的，到了快毕业考大学之前，如何寻求支持资源、如何争取和维护自身权益可能更用得上。每年都加上一到两项（最多两项）技能，孩子在其中很多方面的能力就能得以提高。

而且，有些需要学习的技能可以融进现有的课堂活动或者课外活动中去。比如，在完成作业的过程中可以学习如何解决问题。课余时间可以参加一些监管到位、压力不大的集体活动，比如学校的俱乐部等，都可能成为提高社交技能的途径，而且还很轻松。这些活动在我们申请继续教育机会的时候，还有助于提升孩子的形象。要监管到位，确保孩子在活动期间不会受到歧视或者霸凌。

如果有些方面是学校也无能为力的，无论是课堂内外都做不到，那么可以考虑请家教。很多孤独症孩子刚一听到请家教时会比较抵触，这是因为他们在学校里身处公共环境，要应付各种要求，有时候还让他们感觉超负荷，这样过上一整天已经很累了。不过，如果家教可以和他的某种兴趣结合的话，可能就比较容易接受。举个例子，我儿子的阅读速度很慢，库兹韦尔[①]恰好推出了一些非常容易阅读的图书。但是这个项目在他的学校里用得不太普遍，因此我们就请了库兹韦尔的家教。我儿子了解到，这个项目不仅能让他看到学校教材，还能看到他喜欢的关于中世纪历史的书，于是就接受了。

## 如何与高中老师高效合作？

如果家长想要与高中老师高效配合、一起应对转衔过渡阶段的问题，在此过程中应该考虑四个方面的因素，这四个方面的英文都是以字母"C"开头，

---

[①] 译注：库兹韦尔（Kurzweil）是一个网络读书推广项目的名称。

简称 4C：联系到人（Contact person）、及时沟通（Communication）、保持稳定（Consistency）、态度平静（Calm）。

要在学校找一位联系人，定期聊一聊孩子的状况，比如在学业和社交方面的进步如何，尽早把问题解决在萌芽中，保证及时做好孩子将来升学需要做的所有准备。不是所有的孤独症孩子都会和家长讨论这些问题，也不是所有的孩子都有这种组织条理技能，让自己一直坚持朝着未来的目标不懈努力。另外，如果学校比较大，那么在没有成人关注的情况下，有困难的学生很容易就会被甩在遗忘的角落。联系人应该是教育工作者（老师、辅导员或者特教助理都可以），应该是喜欢孩子的人，并且不会为了自己的利益而不想跟家长交流。

沟通，并不一定非得等到家长出席一年一次或者半年一次的讨论个别教育计划的会议的时候。那种会议的目的是正式制订计划，不是解决问题，而且在那种场合有校方工作人员在场，家长可能会觉得自己这方人数较少、不占优势，不敢大胆直言。而平时的沟通，可以是每周跟联系人在走廊聊上五分钟，或者是打个电话、写封邮件，这些形式常常更为有效，只要是双方喜欢的沟通媒介就好。

保持稳定，指的是不要频繁变化，以免引发孤独症孩子的焦虑情绪。看看负责孩子的老师和助理是否可以保证一年以上不会换人。尤其是特教助理经常轮转的情况下，必须跟校长申明：特教助理是不能这样来回换的。对于孤独症孩子来说，能在学校里与一个固定的、值得信任的大人建立联系，可以减轻他们的焦虑，保证他们在学业和其他方面都取得进步。能够一直使用同样的技术辅助工具也非常重要。比如，学生可能需要花上几个星期甚至一个月的时间才能熟悉一台新笔记本电脑的操作，学会下载和使用合适的软件。但是，每年九月份学校开学时，这些设备都被"擦干净"摆在那里，孩子们还得重新熟悉，浪费了很多时间。对于孤独症孩子来说，每天都是同样的日程安排，要比每天都上不一样的课要轻松得多。

态度平静，指的是要和孩子的学校处好关系，哪怕有时候情况让人很不爽。如果家长很生气，对学校颇多指责，可能无意之中就向孩子释放了一个信号：一切都是学校的错，我们不需要努力解决问题。如果家长能与学校和孩子一起努力解决问题，孩子就会觉得，不管是家里的还是学校的大人们都是愿意帮助他的，并且希望他也付出努力。回顾一下本书第 3 章表格里的内容，想想什么时候应该替孩子争取权益，什么时候应该鼓励他们自己去争取。如果有个案经理或者教育专家介入，也会有助于家长向学校争取权益。

　　站在老师的角度设身处地地想想。了解一下哪些事情是他们能力范围之内可以解决的，哪些不是。和老师聊聊以前或者在家的时候，什么方法对孩子比较好用。抱着解决问题的心态进行讨论，一般都不太容易变成激烈的争吵。别太为小事操心；对于一些比较容易解决的问题，大家（包括孩子）一起来一场头脑风暴；如果遇到很重要的问题，碰上过不去的坎儿了，再向上反映给校长或者是校董会。要做好积极主动的思想准备，因为高中老师一般不会主动联系家长。家长要主动接触老师，在孩子走向毕业的这段旅程中，与老师结成同盟。

## 搬走毕业路上的绊脚石

　　孤独症谱系孩子毕不了业，常见的原因包括：

- 统一规定的标准化考试需要极高的推理能力（也就是要读懂字里行间意思），却是毕业的必过门槛。我所在的省里有一个高中读写能力测试，就属于这种。咨询一下，看看孩子是不是可以在相关学科领域多修一门课程来代替这种考试，课程一般还是比较容易通过的。
- 有的老师比较死板，不愿意照顾孤独症学生的特殊情况。比如，有些老师认为如果作业做得少了，成绩就会受影响——哪怕孩子能完成同等难度的作业，只是减少一点量都不行。有些学生有注意力或者执行功能方面的困难，影响他们完成大量学习任务的能力，所以老师的要求显然不够公平。对于孤独症谱系孩子来说，考试的时候需要一间安静的教室，需要延长时间，这是很常见也是很合理的特殊照顾。要坚持为孩子争取这些便利条件，必要时请校长或者督学介入。

○ 有些老师会担心，给孤独症谱系障碍孩子布置难度大的作业，会给他们造成压力，导致负面情绪或者攻击行为。这种心理会使老师不愿意让学生选修较有难度的课程，但是这些课程却是将来继续升学所必需的。实际上，如果老师能够坚持原则，同时态度温和友善，教学过程结构化、教学方法科学化，学生一般不会出现负面行为。而且，并不是所有的孤独症谱系孩子一遇到困难就会攻击别人。告诉老师，孩子有压力的时候通常会如何表现，孩子表现出这些行为的时候大人可以如何应对。之后，请老师给孩子机会，让他们试试有点难度的课程，毕竟这些课是继续教育所必需的。

○ 有些咨询师对孩子的情况不够了解，所以他们建议老师重点关注的那些技能不一定符合孩子的发展目标，也不见得能保证孩子顺利毕业。举个例子，如果作业治疗师坚持认为孤独症孩子必须学会草写体，那他肯定是没弄清楚，孩子在以后的学习中并不一定会用到。跟老师讨论一下，咨询师的哪些建议对孩子有益，哪些没意义。

○ 由于孤独症导致学业方面进步缓慢，而不是因为伴发的学习障碍或者药物反应所导致。如果孩子诊断有学习障碍，不管是哪种类型的学习障碍，都要保证把与之相关的应对策略和支持资源写进孩子的个别教育计划中。如果孩子服用的药物（比如癫痫类药物），会让大脑变得迟钝或者产生负面影响，一定要让校方知情，并且与医生讨论如何尽量不要让药物影响孩子的在校表现。比如，尽量把美术、体育这样的副科安排在孩子药物反应比较大的时候。

○ 孩子遭受霸凌或者遇到其他社交问题，导致学业滑坡。如果是不太严重的欺负嘲笑等类似行为，可以让孩子自己试着去应对，同时孩子要在学校至少交到一个朋友（孩子独来独往更容易受欺负）。如果是严重的霸凌或者网络霸凌，那就必须要求校方介入，保证孩子的安全，并且在全校范围内进行呼吁，减少学生之间的这种行为。有些学校会开展教育活动（比如"孤独症日"），关注孤独症及其他发育障碍儿童青少年的多样性和包容性。

## 哪种继续教育形式最好？

想到高中之后的继续教育，您第一个念头可能就是上大学。但是，上大学并不是唯一的选择。很多谱系孩子在高中的时候都应付不了大学预科水平的课程。有些孩子的兴趣比较特别，跟哪个专业都搭不上边。还有一些孩子觉得已经学够了，不想再学了，想去工作。

表4.1列举了一些不同的继续教育形式以及各自的优缺点。您可能看出来了，没有哪种形式是放之四海皆准的。判断哪种形式最好，一般要取决于孩子

表4.1 考虑多样化的继续教育形式

| 可选择的教育形式 | 好处 | 困难/缺点 |
| --- | --- | --- |
| 线上课程或家教 | ·社交压力没那么大<br>·自己把握学习安排<br>·自己把握学习节奏 | ·与外界接触太少<br>·如果不够自律，有可能学不好<br>·日常生活不规律、没条理 |
| 只参加结构化活动或者志愿者工作 | ·周围环境压力比较小<br>·结构化安排有利于情绪调控<br>·能与外界有接触 | ·没有成长机会<br>·长远看来还是不能独立 |
| 立刻就能上手的基层工作 | ·经济上能够自立，孩子会很自豪<br>·生活结构化（如果工作时间够长的话）<br>·能与外界有接触<br>·在具体工作上越来越自信 | ·成长机会有限<br>·刚开始的时候会有比较大的社交压力<br>·工作不好找<br>·工作时长可能太短，结构化时间太少 |

续表

| 可选择的教育形式 | 好处 | 困难/缺点 |
|---|---|---|
| 学徒模式 | ・根据孩子兴趣进行培训<br>・不像大学要求那么高<br>・生活结构化<br>・能与外界有接触<br>・在具体工作上越来越自信<br>・将来工作可能挣得比较多、福利比较好，还能加入工会 | ・是否顺利要看学徒和师傅之间是否合拍<br>・刚开始的时候会有比较大的社交压力 |
| 职业学校 | ・根据孩子兴趣进行培训<br>・不像大学要求那么高<br>・师生比通常较低<br>・生活结构化<br>・能与外界有接触<br>・在具体工作上越来越自信 | ・学费可能比较贵，尤其是需要额外辅导/记录的时候<br>・即便拿到文凭，可能还是只能做基层工作 |
| 家附近的大学 | ・将来工作可能挣得比较多<br>・能与外界有接触<br>・生活结构化<br>・最大程度地发挥孩子的学习潜力 | ・只有程度比较好的孩子才能考上<br>・需要组织条理技能和社交技能<br>・学费可能比较贵，尤其是需要额外辅导/记录的时候<br>・接受的培训可能不够具体，不一定能找到工作 |
| 离家远的大学 | ・将来工作可能挣得比较多<br>・能与外界有接触<br>・生活结构化<br>・最大程度地发挥孩子的学习潜力 | ・只有程度比较好的孩子才能考上<br>・需要较强的组织条理技能和社交技能<br>・成人的支持资源较少<br>・学费可能比较贵，尤其是需要额外辅导/记录的时候<br>・接受的培训可能不够具体，不一定能找到工作 |

的具体能力、兴趣爱好以及可以获得的支持资源。列在表格上部的那些教育形式更适合程度一般的孩子，列在表格下部的更适合高功能的孩子。

您可能会纳闷我为什么把线上学习和家教放在了最上面，毕竟这种教育形式好像不太适合程度一般的孩子。要谨慎选择这种教育形式，因为它并不具备其他形式那些优势，长远看来，往往会导致孤独症谱系孩子功能低下。比如，孩子在家学习，除非家长整天待在家里，否则很难保证他的作息规律。如果待在家里的大部分时间都无所事事的话，很容易让孩子沉浸在有害的思绪里，容易导致抑郁。另外，这种教育形式下，孩子通常没有机会与外界接触，会导致社交能力下降，或者过度沉迷于自己的兴趣。其他人难以理解，他自己也意识不到别人的看法。下面我们通过一个案例来说明其中一些缺点。

**特蕾西**

特蕾西有严重的学习障碍，但她梦想成为一位知名乡村音乐歌手。她想要录制单曲，希望有星探发掘她，然后去那什维尔[①]发展。但是，她父母却不希望她在高中毕业之前就琢磨这些。她上的是特教班，挺吃力的，学习积极性很低。她觉得所学课程对她的音乐梦想没有什么帮助，就连音乐课她都不感兴趣。她觉得自己天生有一副特别的好嗓子，干吗要学那些音节识谱什么的。因此，她经常被老师批评，说她上课不预习，交作业也拖拖拉拉的。

后来，特蕾西实在受不了老师的态度，从高中退了学，待在家里，找了个家教，把自己唱的歌发在网上。最开始的时候父母是支持她的，但是很快就意识到，这样下去孩子的学业就不会再进步了。而且，特蕾西发到网上的歌也没什么反响，这让她很是泄气，开始反复纠结她与这个世界是多么格格不入。她抑郁了，生活对她失去了意义。

特蕾西服用了一段时间抗抑郁的药物，但是没有效果，于是父母向亲戚求助，请他们给孩子找点有意义的事做。有个叔叔在仓库工作，特

---

[①] 译注：那什维尔（Nashville）是美国田纳西州首府，乡村音乐之乡。

蕾西每周可以去帮忙，加起来能有几个小时。还有个阿姨家里有孩子，特蕾西也可以帮忙看孩子。父母还让她照顾生病的奶奶。这些工作好像让特蕾西振作点了，但是她还是愤愤不平，说家人这是在利用她。她意识到如果不继续学习，这辈子也许就只能给亲戚做看护，于是回到学校继续学业，而且非常努力。

在表格里还有一种教育形式需要谨慎考虑，适合程度非常好的孩子：去离家较远的地方上大学。这需要很多方面的能力，比如学业方面、社交方面、情绪调节以及组织条理等。只有程度极好的孤独症孩子才有足够的能力在大学发展得比较不错。另外，很多孩子常常不太愿意去寻求必要的支持资源。因为距离太远，大学生的独立自主性又很高，家长可能无法实时掌握孩子的状况。因此，有些问题可能得到了第一学期末才会浮出水面，就像下面这个例子一样。

**杰克**

杰克很腼腆，几乎不跟人交往，但是对机械类的东西特别着迷。他在数学方面也很有天分，所以学工科似乎是天经地义的事了。他能申请到的最好的大学离家约三个小时车程，接到录取通知的时候他欣喜若狂。他也知道住校对他来说可能有点难，但是他对自己有信心，觉得只要重视学业就没问题。至于自己的孤独症诊断，他不太想告诉校方。

第一学期期末放假回家后，杰克拒绝再回学校。他瘦了很多，因为在食堂吃饭人很多，他觉得很不自在。小组作业好几次都没做，因为他不好意思跟其他组员联系。他只知道一个同学的名字，那就是自己的室友。因为感冒，他落了几天的课，不仅没有跟别人借课堂笔记，也没有问问老师怎么补上，结果有两门课没及格。他很沮丧地回了家，认为自己"压根儿就不是学工科的料"。最后，他去了本地一家自动化机械公司当学徒，在那里他做得很不错，找到了自己喜欢的职业。

对于高功能孩子来说，要多考虑一些大学教育安置形式。上面的案例说明，对于很多孤独症孩子来说，在本地上学要比去外地上学容易一些，至少最开始的时候是这样。有些地方有那种专门为孤独症学生开设的专业，可以提供一些比较基础的支持资源。跟升学辅导老师咨询一下，一起找找自己所在地区有没有这样的学校。还有的地方有那种双轨制的教育形式，也可以选择。这种形式允许孤独症谱系障碍学生一边在高中最后几年完成特殊教育学习，一边同时升入大学。这样的话，学生可以在开始大学生活的同时继续使用高中的各项支持资源（Carter et al., 2013）。

表中还有一项是"立刻就能上手的基层工作"，这也是一种选择，不过需要谨慎。本书第5章会详细讨论，对于大部分孤独症孩子来说，要找到一份工作还是比较困难的。可能花了几个月的时间到处找工作，最后只能找到一份兼职或者季节性的工作。不幸的是，找工作这个过程中，在家的时候大部分时间里孩子都无所事事、生活没有规律，随之而来的坏处多多。要避免这种情况也很难，因为随时可能收到面试通知，家长就得马上取消那些已经安排好的活动。有些孩子选择这种形式并能做得很好，那是因为家里就是做生意的，可以马上聘用他们。在这种情况下，马上工作是很好的选择。孩子虽然不能继续学业，但是能保证生活结构化、有规律，有机会与外界接触，培养自信，让他觉得自己能在经济上实现独立、自给自足，产生自豪感。

尽管您可能想竭尽全力为孩子找到一种合适的安置形式，但这条路通常不会一帆风顺。大概一半以上的孤独症孩子，在高中毕业以后的继续教育或者工作过程中，至少出现过一次"空窗期"（Taylor & DaWalt, 2017）。有的孩子可能在刚上大学的时候选择了所有的课，然后发现自己不得不慢慢来，一次只能上一两门。还有的孩子可能因为健康原因影响了日常工作，但是却找到了某种有意义的活动，符合自己的兴趣爱好，可以时不时地去参加一下。我儿子的朋友在面对这种困境的时候，找到了一份很适合他的工作——在本地一家漫画书店的宝可梦俱乐部当教练。还有的孩子与前面提到的特蕾西和杰克一样遭遇了危机，但是之后也都找到了合适的安置形式。合理的教育安置形式可以让孩子有机会证明自己不是只有障碍，也有能力，只是需要时间去发掘。同时，您也不要因为几个月或者几年看不到希望就垂头丧气，说不定风雨过后就有彩虹。孩子也是一样，让他不要这么想。只要我们坚持，他们就会坚持。

## 孩子继续学业需要什么样的支持资源？

这个问题，简单点回答就是：这取决于孩子选择的是哪种教育安置形式。如果选择的是相对于孩子的能力比较难的，那就需要多一点的辅助。因此，如果孩子在社交和执行功能方面都有缺陷，勉强达到大学的入学标准，那么离家去上大学就需要大量的辅助。同样一个孩子，如果是在家附近做学徒工的话，就不需要那么多的辅助。

不管是哪种形式，都需要必要的辅助，所以要早些申请。申请大学专业是有截止日期的，通常和申请支持资源的截止日期不一样，所以要帮助孩子留意这些信息。检查一下申请支持资源的表格里是否有需要医生或者心理健康从业人员填写的部分。如果有的话，要和孩子的儿科医生联络，即便孩子现在已经超过了 18 岁。毕竟孩子成年以后转诊的医生与他接触的时间很短，儿科医生相对更熟悉孩子的优势和需要。

关于孤独症孩子继续学业可选择的课程、需要的支持资源以及特殊照顾，已经有人提出过建议。不一定所有的建议都适合您家孩子，但是下列几条可供参考。想要了解更多的内容，可以参考考里及其同事的综述文章（2014），或者佐诺夫（Ozonoff）及其同事的一本书（2002），在青春期后期及成年期那一章中也有详细阐述。

**可以考虑的课程：**

- 小班课。
- 符合孩子兴趣和能力的课程（如果有些课程需要理解含蓄的文本，或者需要孤独症谱系障碍孩子普遍缺乏的某些技能，那就尽量少选）。

- 如果可能的话，选有耐心、有同情心的老师。
- 刚开始的时候课业负担要轻一点，给孩子足够的时间去适应新环境，利用空闲时间参加社交或者休闲活动。
- 把上课时间选在孩子精力最集中的时间段。
- 在固定的时间、固定的地点学习，避免感官超负荷。
- 在手机里设置提醒：学习时间、考试时间、各种截止时间等。

**可以考虑的支持资源：**

- 学校健康服务，尤其是心理健康服务。如果孩子一直在定期看医生或者治疗师的话，那么在学期初就支持他与学校健康服务机构联系，以便需要时至少可以找到一位他信任的成年人去求助。
- 在执行功能和组织条理技能方面的帮助。不一定需要公开自己有孤独症的情况，因为大一新生中时间管理做得不好的大有人在。
- 针对孩子感觉特别吃力的科目，如果可能的话，申请安排在校额外辅导；如果没有的话，自己请人辅导也可以。
- 如果是在离家较远的地方上学，申请独立生活技能的培训。一般来说，一对一的作业治疗师可以提供服务（详情请参见本书第3章）。
- 让孩子至少加入一个好玩的俱乐部或者校园活动，有机会和人接触，以免忘记之前学过的社交技能。
- 如果有的话，申请加入学校的同伴指导项目（就是那种老生带新生的项目），这种活动既有助于社会融合，又有助于学业进步。
- 如果有的话，申请安排视频示范干预，提高孩子在大学环境里的沟通技能（Mason et al., 2012）。有些专业的孤独症障碍谱系项目也许能够提供这种干预；如果没有的话，看看有没有心理健康专业人员。

**可以考虑的特殊照顾：**

- 申请宽限任务时间，尤其是各种测试和考试的时间。

- 如果孩子记笔记有困难，申请上课录音。
- 如果孩子写字慢，又没有笔记本电脑或者不允许用笔记本电脑，可以申请在做大作业或者考试的时候安排抄写员。
- 让孩子选择自己喜欢的座位，尽量减少感官超负荷的影响。
- 减少小组作业，或者至少在期末评估的时候减少小组作业的比重。
- 日程安排有变化的时候提前通知孩子。
- 如果高中的时候用过视觉辅助并且有用，申请继续使用。

除非是专门针对孤独症学生设立的专业，否则上述这些安排设置、支持资源以及特殊照顾都需要孩子主动去申请，而且不是每所学校都有。孩子可以自己就这些事情提前和老师进行讨论（如果孩子是高功能），或者家长、孩子和老师一起讨论（如果孩子的程度较弱），要努力解决这些问题，保证孩子不错过每一次进步的机会。

举个例子，我儿子上了我们本地一家烹饪职业学校，班型很小，课程安排也很有规律，每天上午上课（他精力最集中的时候）。去上学之前，我、我儿子和主班老师坐在一起讨论了学校要求、各种截止时间，还讨论了培训计划中有关实习和学业的部分需要做出哪些特别调整。比如在完成学业和实习任务的时候，能多给他宽限一些时间，这一点得到了学校的同意。实习是在餐馆厨房，环境比较嘈杂，我建议给他提供耳机，因为他有感觉过度敏感的情况，不过我儿子决定不戴耳机试试，最后他还真适应了。学业方面包括讲座、大作业，还有考试。我儿子记笔记有困难，因此我们达成共识，同意他把讲座录在手机里，回家复习。至于书写困难和考试问题，老师可以找一个比他年级高的学生（免费），帮他把想法写下来交大作业和考试卷，另外在考试前为他安排辅导。因为我儿子对学习非常感兴趣，所以没有什么行为问题会影响到他，也不会没有积极性。他很安静，同学们对他也很接纳。他适应得很好，后来甚至自己主动争取机会，又学了一些比较困难的实用技能！

## 要不要坦白孩子的情况?

有些孩子担心,到了大学环境以后,跟别人披露自己有孤独症会遭到歧视。也许孩子曾经因为孤独症遭遇过嘲笑或者霸凌;也许老师曾经因此排斥过或者看不起孩子;也许孩子只是希望不要被特殊对待,希望自己在别人眼里是"正常的"。

如果孩子的程度确实很好(不太需要孤独症相关的支持资源),表现不是那么明显,那么他不想对外坦白是可以理解的。不过家长可能还是要跟他交代清楚,如果不拿出诊断凭证,申请支持资源可能会比较困难。但是最终到底要不要坦白,还是由孩子自己决定。有些高功能的孩子如果同时伴有学习障碍的话,那么只披露学习障碍的情况,也一样能够获得支持资源,不一定要说孤独症的事。

但是通常在大学里,跟学校说明自己的诊断情况,或者至少告诉一位比较信任的老师,还是有好处的。既可以根据需要获得支持资源,又能保护孩子的隐私,不让同学或者其他人知道。另外,在学期初就主动告知,通常比出了问题才坦白要好一些。告知学校太晚,学生获得的辅助就少(Anderson et al., 2018),结果极有可能是学习跟不上、社交融不进,最后不得不辍学。

至于要不要让同学知情,没有判断标准,看自己的直觉。一般来说,在大学环境里,人们对"怪人"的包容度要比在高中强得多(Ozonoff et al., 2002)。当然,歧视也是可能存在的。不过,如果孩子的言谈举止中,孤独症的痕迹比较多或者比较明显,那么让朋友知情还是有帮助的。主动说"我有阿斯伯格综合征"或者"我有轻度的孤独症",总比让别人把孤独症的表现解读为心理疾病或者变态行为好。

## 如何与大学老师合作?

如何与大学老师合作,原则与之前谈到的与高中老师合作的4C原则(联系到人、及时沟通、保持稳定、态度平静)差不多,区别只有一个:与大学老师沟通，主要还是靠孩子自己。在大学里，涉及申请特殊照顾、支持资源甚至具体生活安排（比如要求单人寝室还是双人寝室）的事，一般都是学生自己去争取。

如果孩子已经超过18岁，老师可能不会在没有他同意的情况下就跟家长沟通，甚至会拒绝家长访问学校网站的某些板块。比如，孩子可能需要自己登录学校网站，查询需要交多少学费以及其他费用，因为家长无权访问网站的财务板块，尽管实际付账的人是家长。这些规定是为了保护这些年轻人的隐私权。这种情况下要怎么帮助孩子呢？

首先，告诉他们如何找老师谈话。在下列几个方面进行训练：定期与同一位老师联系，确保日程安排以及技术辅助工具都没有变化；申请特殊照顾时，态度要平静、语气要坚定，同时还要注意站在老师的角度换位思考。换位思考对于孤独症孩子来说可能比较难，也许家长得帮助孩子学会理解他人。

其次，通过专业人士或者专业文件代替口头沟通。举个例子，比如申请单人寝室的事，与其学生或者家长一遍遍去说，不如请医生写一封信，说明孩子为什么需要这样的安排。

最后，如果孩子的程度不高，不太能够为自己争取权益，那么家长就应该要求加入讨论——这没有什么不好意思的。请医生或者心理健康从业人员开具一个标准的披露病情同意书。复印几份拿给需要对接的老师，当着老师的面让孩子在同意书上签字授权：一份授权家长与老师进行沟通；一份授权老师与家长进行沟通。以这种方式正式授权，老师就能放下心来跟家长专心讨论孩子的相关问题了。之后，既要突出孩子的优势，也要强调他有困难。家长应该让老师知道孤独症人士的学习潜力。如果大人的期望值较高，学生对这门课程又非常感兴趣，那么他们会比大多数人更加不懈努力。

本章讨论了如何做好准备、如何选择教育安置形式、孩子在争取继续教育机会的时候可能面临的困难，下一章要讨论的是接下来要做什么：尽量找些有意义的事去做。

## 拾贝 · 宝典

**高中毕业之前**

- 确保孩子选择的班级和课程符合未来目标的需要。
- 针对孤独症造成的困难,尽量干预治疗,尽最大可能为继续教育扫清障碍。
- 固定学校联系人,定期就孩子的发展状况以及转衔计划进行沟通,态度要平和。
- 回顾一下有哪些常见因素会影响孩子顺利毕业,尽量避开。
- 帮助孩子选择符合他们兴趣能力的继续教育安置形式,预估需要哪些支持资源保证孩子顺利就学。
- 关注申请入学的截止时间以及申请支持资源的截止时间。

**高中毕业之后**

- 看看针对孤独症孩子的继续教育有哪些专业课程可供选择,有哪些支持资源以及特殊照顾可以申请,找到适合孩子的专业。
- 鼓励孩子在入学之前或者第一学期刚开始的时候,至少向一位老师坦白自己的诊断情况。
- 指导孩子自己与老师沟通,争取自己的权益,通过专业文件争取帮助。
- 如果孩子的程度不高,需要开具同意书让他们签字授权家长与校方沟通。

# 第5章
## 选择最理想的就业形式

在本书中，关于孤独症人士怎么找工作的讨论比其他任何话题占的篇幅都长。可惜的是，如果您觉得对于某个问题有很多很多的想法和建议，那其实意味着没人能拿出一个明确的解决方案。

有很多诊断为孤独症的年轻人处于失业状态，或者没有充分就业（Coury et al., 2014）。没有充分就业，指的是工作时间没有达到他们的期望值，或者工作内容没有充分发挥他们的才能。职业介绍所可能也尽力了，但是他们通常对孤独症并不是特别了解，也不知道应该如何说服那些用人单位聘用孤独症谱系人士。在很多地区，也没有为程度较低的孤独症人士设计的支持性就业环境。就算有很好的支持资源，很多有孤独症的年轻人也会发现自己只能断断续续地打零工，简历上的工作经历总是连不上，这就更加难以找到长期工作岗位。因此，对孤独症人士来说，要找到满意的工作确实非常困难，而迎接这个挑战可能很大程度上要靠家长和他们自己。

本章将会探讨如何帮助孩子找到工作、如何把工作干下去，还会提醒大家注意避免一些错误。首先，我们来分析一下，对于孤独症人士来说，有哪些因素可能有利于成功就业。

### 找工作的时候哪些因素会起作用？

有人（Dudley, Nicholas & Zwicker）对该领域的研究做了综述，发现了有助于提高孤独症人士就业成功率的几个因素。尽管他们发现很多研究质量较低，感觉有些遗憾，但从这些研究中也发现了一些规律：那些成功的个案，其自身所在学校、所在单位负责人以及家庭具有一些共同特点。第一，个案都是高智商，社交能力比较好，自主性很强，有动力、积极性高，独立生活技能不错，因孤独症导致的行为问题不是非常严重。第二，所在学校给力，提供特殊教育项目，让学生获得工作经验（实习生、学徒工或者半工半读项目），在以家庭训练模式为主的同时，还安排自理技能课程。当然，能从高中毕业也是成功找到工作的一个有利因素。第三，聘用孤独症青年工作的用人单位对于孤独症谱系障碍比较了解，愿意提供辅助，态度宽容接纳，能够保证作息时间稳定规律，和孤独症员工沟通的时候知道要简洁直接，愿意把工作内容做成结构化流程，愿意与康复专家配合。这些专家能够根据孤独症人士的需要，在岗位描述、职位搜索、就业安置、岗位辅助（包括线上培训和现场指导）等方面提供帮助，还能提供长期的支持，让他们保住饭碗。可惜的是，不是所有地方都能找到这种专家。

其实这些年来，孤独症人士能够参加工作，并且状况越来越好，往往都是"家长坚持不懈努力、倾尽全力推动、积极为孤独症谱系障碍孩子争取权益"的结果（Dudley et al., 2015）。上面那些个案中的家长都对孩子有比较高的期望值，尊重孩子的就业偏好，家长本身的收入和教育程度也都高于平均水平，这是第四个特点。

对于就业没有多少影响的因素包括，所在地是否通过了反歧视法案、是否有雇用残障人士比例要求、是否另有工资补贴或者鼓励政策。如果能有一整套鼓励政策（免税就是其中一项），政策中的一些部分能与单位是否提供支持资源、是否邀请专家介入、是否使用政府专项资金培训和留住孤独症员工挂钩，那么补贴还是比较有效的。法律规定和雇用残障人士比例的规定可能起不到多大作用，因为这些措施有时会在无意中滋生面子工程。也就是说，有些单位雇用孤独症人士工作，只是为了满足比例规定或者服从法律要求，但是实际上每周只给这些员工安排几个小时的工作。

看了前面的概述，家长可能会在心里列出一大长串孩子找工作需要的支持资源，要是所在学校、用人单位、孤独症专家以及政府项目都能帮忙提供，那就再好不过。然而，您可能很快就会发现，这其中很多资源在本地都找不到，还有可能孩子因为智商、年龄、具体诊断、所在地区或者其他原因没有资格申请。而且，您可能也很难有足够的时间、精力和资源，像达德利（Dudley）及其同事提倡的那样，"坚持不懈、倾尽全力"地参与活动、争取权益。另外，正如本书第3章所讨论的那样，家长还要注意把握一个度，既能为孩子争取权益，又不会干涉过多。因为干涉过多会给用人单位留下一种印象——孩子独立性比较差，太过依赖家长。首先，我们看一下不同的就业形式都有哪些，如果以就业为目标，哪些步骤会比较有帮助。这里提供的信息并不都适用于您家的具体情况，但是有些还是比较有用的，可以帮助您了解从哪里入手，帮助孩子找到有意义的工作。

## 不同的就业形式

现在就业市场竞争如此激烈，对于很多孤独症人士来说，找得到工作、保得住饭碗，简直就是不可能完成的任务。他们往往在求职阶段就处于劣势（比如缺乏社交礼仪，很难在面试中给招聘人员留下印象；很难进行电话交谈），经常需要很多特殊照顾才能留住工作（比如工作节奏要慢一点，工作环境要静一点，"无所事事"的时间要少一点）。曾经有人建议孤独症人士可以从事个体经营，尤其是"互联网＋"业务（Ozonoff, 2002），但是这种就业形式只适合那些程度非常好的孩子。而且即便是程度非常好，也需要家长的帮助，才能处理生意相关的经济和法律事务，仅仅精通计算机是远远不够的。有些程度一般的孩子的家长选择以孩子的名义创业，但是如果家长自己还在工作的话，那么这种就业形式就太耗费时间精力了。而且家长还需要提前做好心理准备，想好自己将来干不动的时候由谁来接班。

孩子程度一般的情况下，尤其建议家长考虑竞争性就业以外的其他就业形式。与个案经理或者本地的孤独症专家一起分析，看看本地有哪些就业形式可供选择。这些形式包括：

- **支持性就业**。这种就业形式是在工作教练的带领下，帮助某个学员或者一组学员学习就业技能，找到合适的就业安置形式。最好能找到一位在孤独症（不是其他残障）方面有专业经验并能保证同组学员工作能力水平都差不多的教练。同组学员可以来自不同工作场所，但工作性质内容相同（比如保洁工作或者门卫工作）。
- **家族企业就业**。如果家长或者家庭成员自己有生意，而孩子刚好感兴趣，那就正好让他们来上班。选择这种就业形式，家长不用成年累月在竞争激烈的就业市场东奔西走处处碰壁，而且还很有保障，这可是在其他地方打着灯笼都找不到的好事。
- **保护性就业**。这种就业形式，是让孤独症人士在监管严密的结构化环境中完成简单的工作任务，同时提供培训，帮助他们将来选择更为独立的就业安置形式。不过，这不代表他们一定就能成功转衔。
- **庇护性工场**。跟保护性就业一样，在庇护性工场工作的孤独症人士也是在监管严密的结构化环境中完成简单的工作任务。不过，这种就业形式的目的是让他们在这种工作环境中持续稳定地工作，而不是接受培训以便将来选择更为独立的就业形式。因此，这种做法一般只适合那些完全不适合其他就业形式或者尝试过其他形式但没有成功的个案。

在很多地区，由于各种各样的原因，很多庇护性工场已经关闭了。这种工场不提供培训，所以很多人会怀疑其价值所在。另外，在这种工场工作的人，得到的工资实在太低了，比最低工资标准还低，一些家庭对此提出了法律上的质疑。不幸的是，在这些庇护性工场关闭之后，往往没有好的就业安置形式跟进，很多前员工白天就无事可做了。我曾经去过一家已经关闭的庇护性工场，在那里看到了相当扎心的一幕：那些前员工还是每天到工场里来，很明显是因为已经习惯了这里。但是，现在已经没有什么工作给他们做，于是他们就坐在空荡荡的大厅里消磨时光，有的闲聊，有的自我刺激，有的看电视——这绝对不是关闭工场的初衷。

研究各种就业形式的时候，还有一个问题浮出水面：如何为程度中等的孤独症人士找到最适合的就业形式。这些人可能没有智力缺陷，但是有比较明显的社交沟通缺陷以及其他表现。这些表现可能让他们很受影响、遭到歧视，在竞争激烈的就业市场根本无法立足，但是因为智商较高，又没有资格申请到上述其他形式的就业安置（家族企业除外）。

如果是这种情况，家长应该怎样最大限度地帮助孩子呢？是不是可以想办法接受就业能力的集中培训，寄希望于孩子在与普通同龄人的竞争中胜出，或者是努力争取让他们加入那些专门为智力障碍人士开设的项目呢？答案尚不清楚，不过哪种选择都不轻松。如果您正面临这种困境，可以向本地的孤独症专家或者孤独症家长互助组织寻求支持和帮助。

还有些人选择了另外一种就业形式，但是没有列在这里——先在自己喜欢的领域从事志愿工作，然后转为带薪工作。可惜的是，这种情况不太可能发生，除非用人单位有额外的钱来设立一个新岗位（这种情况很少见）或者类似岗位上的正式员工辞职不做了。做几个月志愿工作并不是什么坏事，这有助于年轻人发展各项技能，获得某种领域的工作经验，是很好的学习经历。如果孩子从来没做过正式工作，志愿工作也可以成为积攒履历的好方法。不过，让孩子无偿工作好几年，对他们不太公平，而且对教育和资历都没有帮助。

## 通过关系网找工作

假设以孩子的情况，保护性就业、支持性就业、庇护性工场、个体经营或者家族企业都不可行的话，就只能选择进入竞争激烈的就业市场了。

对于孤独症人士来说，要在这里找到一份工作是很困难的，但也不是没有可能。80%以上的工作都是通过关系网找到的。剩下 20% 是通过传统的求职程序找到的，这之中有的人有各种机构或者项目的帮助，有的人没有，本章稍后会对此进行讨论。

关系网利用的是人们的一种思维惯性：我们对熟悉的人更容易有好感。因此，比起那些和您毫无瓜葛的人，了解您或者您家孩子的人通常更愿意聘用他们。这里所说的"利用关系网"含义很广，只要是为了联系到您认识的或想认识的人，让他们知道孩子的工作能力以及求职目标，那么这个过程中用到的所有方法、手段都可以包括在内。熟悉的人，包括家人、朋友、邻居、家长参加的某些组织的成员或者家长生活中有过互动的专业人员（从理发师到医生都算）。还可以联系前老板、同事、老师、教练或者专业协会成员，不过要稍微正式一点。在有些地方，还有那种面向孤独症求职者的互助组织，通过他们也能联系到一些用人单位。别忘了还可以通过互联网向外求助。大部分人，包括孤独症人士，都是某个社交网络的一部分，而且这种关系网还不止一个。让孩子把自己的求职目标和工作能力发到这些网络上，也可以以他们的名义发到您自己的社交网络上。

列出目标联系人之后，准备一个介绍孩子的脚本（口头、书面都可以）。贝森奈特（Bissonnette, 2013）建议做一个"30秒电梯演讲"[①]，就像加州大学戴维斯分校管理研究生院（2013）描述的那样，这是一种简单扼要的介绍，旨在对听众产生积极的影响。其中应该包括孩子的名字、经历、优势和求职意向，最后结束时向对方请求帮助。以我自己接过的个案举例，一个高功能孤独症孩子向妈妈的同事求助时是这样说的：

> 嗨，您好。（让孩子一定不要忘了这句，因为孤独症孩子经常忘记社交小节。）我是珊德拉的儿子，名叫贾马尔。我高中的时候在一个宠物店上过合作课程，这个课特别好。我负责打扫卫生、清点库存，还学会了使用收银机。后来，他们甚至让我给宠物梳梳毛呢。但是很不幸那家宠物店后来关门了，不过我已经毕业了，很想找一份这样的工作。您哥哥公司的那些店里还缺人手吗？

---

[①] 译注：30秒电梯演讲（30-second elevator speech）也称麦肯锡30秒钟电梯理论、电梯测验，意指在乘电梯的30秒内清晰准确地向客户解释问题解决方案。

如果孩子实在太腼腆，或者社交方面实在太弱，怎么练习都不行，您也可以替他说。不过，这种做法有个问题：由家长代言，有时候会让孩子显得能力不足。不了解孤独症的人可能会问："二十来岁的孩子，自己不能说吗？"还会就此断定要么就是家长对孩子太过保护，要么就是孩子的智力缺陷严重，或者两者兼而有之。在这种情况下，有时候家长和孩子一起出镜效果会更好些。

比如，前面提到的贾马尔的例子，家长可以这样说："嗨，您好，这是我儿子贾马尔。他高中时在我们本地一家宠物店上过合作课程，在那里负责打扫卫生、清点库存，还有收银，做得很不错。我们本来是希望等他毕业能在那里正式工作的，可惜的是那家店关门了。贾马尔，你有什么要问的吗？"这个时候，贾马尔就可以问一下对方哥哥的公司还招不招人。只有一句话的问题比一个完整的"电梯演讲"要容易多了，而且孩子也有机会为自己发声。

还有一种利用关系网的方法也值得一试，就是设法找到某一行业的领军人物，请他介入。这里所说的领军人物，指的是在孩子想要进入的行业中比较有影响力的人物，曾经聘用过孤独症谱系员工（或者至少是发育障碍员工），相处还比较愉快，并且愿意与用人单位负责人分享这些经验。不熟悉孤独症的那些单位负责人，如果能与自己行业的领军人物聊一聊，就会更加放心，可能就会愿意给孩子一个机会试试看。

您可能在想怎样才能找到这样的人呢，有些时候本地新闻特写会报道这样的人，社区服务表彰对象也有可能是这样的人，职业介绍所的工作人员可能对他们比较了解，或者孤独症家长圈子里也有人熟悉他们。行业出版物或者职场社交平台（比如领英）可能也会有这些人的专访。

利用关系网的时候要注意的一点是：不要东一榔头西一棒槌，要有重点。只要是知道孩子在找工作的人，但凡提个建议您就去跟进，那只能把自己累到精疲力尽。首选的中间人，应该是那些和用人单位负责人有私人关系的人（比如有亲戚关系或者朋友关系），以及那些能确定某些单位确实有用工需求的人。相比之下，如果只是说"我听说某某公司招聘残障人士"或者"你怎么没去问问谁谁谁呢？他们在橱窗里挂了个招人的牌子"，这种几乎就不需要列入考虑范围了。在上述情况下，这个中间人和用人单位负责人是没有私人联系的，所以指望用人单位在二三十位求职者（还都是普通人）里头选出我们孩子，可能性实在很渺茫。

而且，即便一家公司聘用了肢体残障员工，并不等于就能聘用发育障碍或者孤独症员工。即便有政策鼓励公司聘用发育障碍员工，这个政策也不见得就能深入人心，不能保证上至总经理下到一线招聘人员都能领会执行。因此，如果有人提供这样的信息，您在跟进的时候可以这样问："您在这家公司有认识的人吗，能给孩子说上话的？"如果对方说不出具体的名字，那么这条信息大概率是不值得跟进的了。

## 求职过程中的辅助

如果家长在孩子想要求职的那个行业里不认识什么人，那么靠关系网可能就不太奏效。在这种情况下，就享受不到私人关系这个好处了，只能靠孩子自己求职。以这种方式求职更为艰难，涉及几个步骤。

接下来我们会分析如何在孩子求职过程中提供辅助，不过在此之前，有个风险需要提示大家：求职过程可能会影响个案在其他方面的进步，除非可以提前知道工作安排以及作息时间是什么样的。比如，您可能会发现自己没法再给孩子安排社交活动或者让他参与集体活动，也不能再让孩子学习什么课程或者参加其他社团活动，除非提前知道孩子的工作时间安排。临时取消这些活动挺让人难堪的，有时候可能还要交罚款或者得罪朋友。可是，要是等到孩子有了稳定的工作作息时间，才能去参加这些活动的话，那可能要等上几个月甚至几年。同时，孩子的社交技能、朋友圈子甚至整体的生活幸福感都会受到影响。所以，不要让自己一头扎进去。孩子该找工作找工作，不要因为这个就不再为其安排有意义的活动，尽管有时候突然通知孩子去面试或者试工可能让您不得不取消活动或者重新安排。

如果孩子在高中的时候参加过半工半读或者其他特殊教育项目，去过类似的工作场所，那就太好了。如果请了个案经理，他们可能会有办法把这些经历和现实中的就业机会联系起来。如果没有，跟当初那些项目的单位负责人聊聊也是值得的，说不定就有机会帮孩子找到带薪工作了呢。在有些地区，也可以帮孩子联系那种学徒项目，以之前高中时的工作经历为基础，最终获得正式工作。

如果所有这些与学校有联系的项目都行不通，那就支持孩子去找工作，同时要有思想准备——孤独症人士找工作和普通人找工作是很不一样的。先给孩子打打预防针，给他解释清楚找工作本身其实也是工作的一部分，可能需要花上几个月的时间。鼓励孩子坚持下去，让孩子放心，您会永远支持他。下面我们分析一下，对于孤独症求职者来说，在求职过程中都有哪些重要因素：

☐ 确定职业目标。找个符合自己兴趣的工作，这是所有人的愿望，但是这一点对于孤独症人士来说尤为重要，因为他们的兴趣常常极为特别，对此的态度也极为强烈。尽量找符合孩子兴趣的职业，而且最好作息比较规律、规范比较清晰、"无所事事"的时间比较少。有些孤独症人士在视觉信息和机械记忆方面比较有天赋，如果做与此相关的工作，他们也可以有所收获。

如果孩子的程度较好，可以让他看看那种"手把手教你找工作"的求职手册，可能会有帮助。还有一些求职方面的书，可以让他在网上搜一下。如果还有疑问，可以找一本那种带表格的书，填一下，根据所填信息为孩子制订个性化的求职目标和求职步骤（比如 Bissonnette 2013 年写的书）。如果孩子的程度中等，家长可以和他一起看，或者是家长给他念，然后按照书上说的做，也会有所帮助。对于程度较弱的孩子，这种书可能不太有帮助，为这些孩子找到合适的就业安置形式，很大程度上要依靠家长和专业人士。

☐ 确定合适工作。现在这个时代，大部分求职都是从大型求职网站开始的，网站上有很多工作岗位，可以根据行业和工作地点进行筛选。把自己的简历发上去，网站有时候还会给出一些相应的求职建议。别忘了也去那种小一点的、行业划分比较具体的网站看看，因为上面可能会额外发布一些相关招聘信息。除此之外，也可以试试比较传统的办法，比如看看报纸上的广告、关注一下社区里的求助信息，有时候小单位会通过这些渠道发布信息。

孤独症孩子有时候太在意细节了，搜索出来的一大堆岗位信息，他们往往是逐字逐句地看，而不是快速筛掉那些不适合的信息，也不会精简自己的搜索标准。要帮助孩子逐步完善搜索规则，筛选出那些最为合适的岗位信息。另外，还要提醒孩子不要回复太多来自求职网站的邮件提醒，否则很快就会不堪其扰、处理不过来的。如果能找到开发就业机会的人，知道本地有哪些单位愿意聘用发育障碍人士，那么成功求职的概率无疑会大大提高。不过，这些专业人员一般不太好找（详情请参见下一节有关职业介绍机构的内容）。

▫ 如何写简历。帮助孩子写一份简历，既要符合实际情况，又要突出自己的优势。简历中不要只用什么"勤奋"或者"踏实"这种泛泛的形容词，要写上孩子具体能做什么工作。如果之前做过带薪工作（不是志愿工作或者学校安排的那种实习），不管做的是什么，一定要浓墨重彩地写上一笔，因为比起无偿工作，用人单位会更看重这种正式的工作经历。另外，尽管有些孤独症人士很想做到严谨的诚实，但是我接触过的工作教练绝大部分都强烈反对在简历中透露孩子的残障情况。

▫ 如何写求职信。写求职信是个好机会，信中要突出孩子的优势，强调孩子非常符合岗位需要。您对岗位需要越了解，就越是可以"量体裁信"，让人看了求职信以后觉得您家孩子就是理想人选，所以一定要详细地了解用人单位信息。

在求职信里可以坦陈孩子有孤独症，不过要往好的方面说。比如，可以这样写："孤独症可以让我一板一眼、专注工作、服从指令，而且能够坚持不懈完成重复性工作。"重点强调这些与工作相关的能力，而不是孤独症诊断本身，这样比较有帮助。有些工作教练觉得，在求职信里透露自己有孤独症，可能会失去面试机会，所以他们不提倡这么做。但是也有一些人告诉过我，如果一位求职者有比较明显的孤独症表现，但是之前没有提及此事就去参加面试，那么用人单位通常会有措手不及的感觉。如果能提前告知的话，虽然面试机会可能会减少，但只要是愿意让孩子去面试的，成功概率都会比较高。

因为用人单位肯定是有所准备，可以接受孤独症员工的。当然了，正如本书第 4 章所讨论的那样，要不要告诉别人、什么时候告诉，最终还得看孩子本人的决定。

  □ 与用人单位的初次电话沟通。有些用人单位对简历进行初筛之后会通过电话告知求职者什么时间面试；还有些用人单位会把电话沟通情况作为一次"小面试"。因此，要确保孩子做好两手准备，上述两种情况都要提前进行演练。和孩子按照脚本分角色演练，或者请一位比较和蔼的大人来帮忙。

  对于孤独症人士来说，电话沟通是最难的部分，因为电话可能会不期而至（比如很多用人单位会在快下班时才打电话）。而且通过电话进行的互动，除了语气之外，没有什么社交线索可供参考。没有社交线索，对方的意图就很难理解。另外，在电话中，还要随时调整自己的语音语调以便让对方听懂。对于孤独症人士来说，这些都很难。站着说话、保持微笑有时候会有帮助，因为这样人的语气听起来会比较自信、热情。如果孩子同意的话，也可以打开免提让您听听对方说的什么，必要的话能及时介入。在利用关系网那一节已经讨论过，家长全程代替孩子并不是个好办法，对方会觉得孩子的能力不够。不过，如果对方打电话来很明显就是为了通知面试时间的，那么介入帮忙还是可以的。提醒孩子在电话旁边常备纸笔，这样的话对方说的什么都能及时记录下来。

  □ 如何面试。面试肯定是需要和孩子按脚本演练一下的。根据孩子申请的岗位类型，设想与此相关的常见的面试问题都有哪些。如果告知对方孩子有孤独症的话，还要做好准备：一旦对方问到在工作中需要哪些特殊照顾，应该如何回答。因为从用人单位的角度来讲，这些都是他们关心的问题。最初的几轮演练，每次演练完都问下孩子，哪些问题是他之前没有想到的，然后把怎么回答这些问题加到脚本里。还要花点时间想想，面试的时候穿什么衣服合适，行为举止应该怎样。跟孩子强调要保持微笑、记得握手，还要有目光接触。如果孩子平时有刻板行为或者孤独症比较典型的表现，可能的话，让他在面试过程中尽量控制一下。如果是电话面试，那就练习如何让自己的声音听起来更加自信热情。如果孩子比较焦虑,可以在面试开始之前做做深呼吸。经常和孩子分角色练习面试技能,或者请一位比较和蔼的大人来帮忙练习。

分析哪种情况下孩子在面试中能表现出最佳状态:是孩子自己去面试,还是您陪着去(尽量让孩子多说),还是请别的大人陪着去(比如工作教练或者朋友)。孩子自己去面试,肯定是用人单位最为青睐的方式了,但并不是所有孤独症孩子都能做到,至少最开始时做不到。很多孩子在有家长在场的时候都不怎么爱说话,和其他大人在一起就好些,所以请别人来帮忙也是个不错的主意。不过要保证让这个大人知道,面试的时候应该尽量让孩子多说话。如果是程度一般的孩子,大人可能需要比孩子说得多,这要事先告知面试人。

可惜面试常常是临时通知的,没有太多准备时间,所以不可能每次都现找一位大人去陪,除非是家里人。在这种情况下,给孩子两个选择:一个是自己去,一个是家长陪。虽然这两个选择都不是特别理想,但是面试这个经历本身也是一个很好的锻炼。

去招聘会怎么样?对于大多数孤独症人士来说,去招聘会都是噩梦般的经历,应该尽量避免。招聘会一般都是乱糟糟的,到处都是不认识的人,让你填各种不熟悉的表格,还要在拥挤的房间里跟一大群陌生人一起等着叫到自己的名字或者号码,一等就是几个小时。在这种环境里,感官超负荷就是一种折磨。一般来说,招聘会上那种面试只能给求职者5分钟或者更短的时间来推销自己,还要让对方觉得最理想的人选就是你,而不是另外几十个跟你一起求职的普通人。但是,孤独症人士可能连对方的眼睛都不看,更不要说条理清晰地阐述自己为什么适合这份工作了。在这种环境里,孩子的能力完全无法发挥出来,这种经历对孩子来说基本上就是一种毁灭性的打击。最近有些地方组织了一些专门针对孤独症人士的招聘会,关注到了感觉敏感问题,但是提供的岗位大都仅限于财务和与计算机相关的工作。

☐ **如何跟进**。对于绝大多数孤独症孩子来说,要他们自己想到面试之后得打电话给对方,感谢他们提供机会,这是不大可能的,所以需要提醒孩子。

## 需要找一家职业介绍所吗？

如果孩子的程度一般，答案无疑是需要。没有职业介绍所的介入，孩子不可能联系到支持性就业、保护性就业或者庇护性工场这些就业安置形式。但是，如果孩子的程度不错，已经进入了竞争性就业市场，那么答案就不太好说了。

职业介绍所可能跟愿意聘用残障员工的单位有联系。如果有单位聘用了孩子，他们可能会为这家单位提供补贴或者奖励。在有些情况下，他们也许还能陪着孩子去面试或者工作现场，提供直接指导和辅助。此外，这些机构可以把孩子纳入求职培训项目，帮助他们学习如何找到工作、不丢工作。

既然机构有这么多好处，为什么不给去孩子注册呢？简单来说，就是因为这些好处并不见得都能促成真正的工作机会。很少有机构会告诉家长，在他们的帮助下，有百分之多少的孤独症孩子最终成功找到了全职工作，并且每周能工作 25 个小时以上（他们设定的普遍目标）。以我认识的孤独症孩子家长的经历来说，这个比例可能相当低。专门针对孤独症人士提供服务、非常优秀的机构确实也有，但是通常只在大城市才有，而且费用很高。如果您找到的只是一般性机构，在孤独症方面不够专业，那么可能会遇到一些普遍性的问题：

- 几乎没有孤独症相关经验，所以可能会把孤独症人士当成普通客户一样对待。比如，他们可能会觉得，在面试技能方面做点小培训，孩子在招聘会上就能和普通人一样了。但实际上，不管受过多少培训，有些孤独症人士在面试上永远达不到普通人的水平。而且招聘会那种环境，有很多感觉刺激，可能会对他们的临场表现造成严重影响。另外，要想在面试中取得成功，需要很高的社交沟通技能，而这些技能本身就是孤独症人士所没有的。机构没有相关经验，还有可能导致对同一问题——关于孩子要不要坦陈自己的诊断情况，不同的工作人员给出的建议是相互矛盾的。
- 他们可能会过分强调培训的作用，忽略就业岗位开发。就业岗位开发人员，指的是那些和附近用人单位包括那些可能会聘用孤独症人士的单位保持联系的人。但是，绝大部分机构的工作教练有一大堆，岗位开发人员却只有一个。这种做法主要是基于这样的理念：长远来看，帮人找到能做的工作，不如教人自己找工作的本事，正所谓"授人以鱼，不如授人以渔"。对于普通人来说，这确实有道理。但是对于孤独症人士来说，如果生活没有规律、跟外界接触太少，时间长了就有可能出现能力退化的情况。没有稳定工作的时间越长，出现这种情况的可能性就越大。而且前文也提到过，在有些方面，不管他们接受多少培训，也不大可能与普通人抗衡。

o 机构的工作人员基本都是在办公室办公的，所以很少能安排时间陪着残障人士去面试或者去工作场所，尽管已经证实现场指导是帮助他们留住工作的最有效的办法（Dudley et al., 2015）。即便有能够提供面试陪同服务的机构，相关的工作人员也是一次安排好几周的工作日程，排得满满的，几乎不可能临时接到通知就马上到位。

o 针对18岁以上的客户，如何与其家长进行沟通，很多机构一直都没有标准的程序。他们往往得花几个星期甚至几个月才能搞出一个表来，让孩子签字授权他们去和家长直接沟通。

o 用人单位如果聘用了孤独症人士，机构往往会提供一些奖励，用来补贴一两个月的"试用期"工资，但这对推动发育障碍人士就业并没有太显著的效果。我们可以回忆之前提到过的，推动就业比较有效的办法包括：用人单位为残障人士提供特殊照顾可享受免税政策；用人单位邀请孤独症专家介入；政府划拨专项资金帮助培训孤独症员工，好让他们保住工作，等等（Dudley et al., 2015）。因此，往往失去奖励之时，就是孤独症员工下岗之日。一旦没有了奖励，用人单位就会觉得给他们提供特殊照顾是一个负担。

o 很多机构的工作人员的流动性很高，而孤独症人士也很难适应新的工作人员。他们确实需要比较固定的对接人，不能更换太频繁。

从好的方面来看，如果您打算挑个比较好的职业介绍所与孩子对接的话，那就参考上面列出来的这些问题，对照着一一排除，没有这些问题的就可以选。问问这些机构有没有接过孤独症求职个案，成功率有多高，客户能不能比较容易地对接到岗位开发人员，工作人员有没有时间陪同客户一起去面试或者去工作场所，直接与 18 岁以上客户的家长沟通需要什么手续，对用人单位有哪些经济上的鼓励政策，机构工作人员流动性大不大，等等。

## 孩子需要参加求职培训吗？

很多机构都为求职者提供培训，帮助他们学习相关技能，比如如何写简历、如何搜索岗位信息、面试时应该注意什么，有时候还会涉及工作场所安全注意事项或者如何保住工作等内容。这些项目一般都要求在每个工作日参加培训，每期从几个星期到几个月不等。这些培训主要是针对初入职场的人（有些项目有年龄限制），不一定适合孤独症人士或者发育障碍人士。

如果家长指望这样的培训能帮助孩子找到长期稳定的工作，那可能过于乐观了。这些项目对就业的帮助程度，充其量也就是一般。有些项目专门针对孤独症人士，并且安排大量的时间用于工作安置，成功的概率可能会大一些。但是除了大城市之外，别的地方很少有这样的项目。不过，培训项目也有其他好处。举个例子，如果要求每天上午都去参加培训，那就有助于孩子形成生活规律。白天的时候，他们给孩子安排一些结构化活动，让家长有一些喘息时间——这也是我们迫切需要的。就像本书第 2 章里提到的亨利的案例，这些培训项目还可以提供社交机会，有时候还能帮孩子交到朋友。在有些机构里，只有"参加培训项目"，才会给您对接岗位开发人员（前文描述过他们的工作职责），而这些人可能比项目里的所有培训都更有帮助。基于上述所有原因，如果您没有精力通过关系网或者其他方法帮助孩子求职的话，那么这种培训项目也是一种不错的权宜之计。除非是有些项目需要等很长一段时间，或者筛选过程很长，持续了好几个月，最后却只接受高功能孩子参加。这样会导致孩子长时间生活没有规律、无所事事，有可能带来负面影响。

## 如何帮助孩子保住工作？

如果孩子很幸运，被聘用了，那么就要准备迎接新的挑战：保住工作。要保证不丢饭碗，需要预估一下孤独症特质会让孩子在工作中碰到哪些困难，想好对策。这些困难可能有：不知道怎么打发休息时间，因为这段时间没有结构化安排，容易无所事事；环境比较嘈杂忙乱的时候，不知道如何应对；预想不到别人会怎样看待自己的行为；不知道如何与顾客或者同事互动，因为这种互动是没有脚本的。另外还要知道，如果孩子出现这些问题，很多用人单位的负责人都不太好意思跟孩子或者家长直说。但是，这些问题确实对工作有影响，所以为了让这种影响不超过他们的底线，他们可能会减少孩子的在岗时间，或者告诉家长因为经济原因，只能让孩子离职。

为了避免这种情况，家长在孩子入职的时候就要想好，需要用人单位提供哪些常见的便利条件，再和孩子一起去工作场所看看还有没有之前没想到的、做这份工作需要的特殊照顾。如果有个案经理的话，也可以让他去做。如果您不确定到底需要哪些特殊照顾，可以针对这个问题去做个心理评估。下面列出一些专为孤独症人士提供的特殊照顾，也许会对孩子有帮助，视孩子的具体情况而定。

- 在工作间歇的休息时间或者自由时间，为孩子安排结构化活动。
- 明确工作任务规定，如果需要的话，可以把大的任务分解成小步骤。
- 提前告知作息时间、日程安排，让孩子有心理准备。
- 不安排夜班，也不让孩子在缺乏监管的情况下工作，孩子注意力不集中的时段不安排工作。
- 不频繁更换与孩子对接的上司。
- 允许孩子的工作节奏慢一些，对其的培训时间长一些。
- 尽量不让孩子同时处理多项任务，尽量减少噪音，不让他有太多"无所事事"的时间，尽量减少人际互动。
- 一次只给一个指令，重要任务有视觉提示。

- 碰到难缠的同事或者顾客时，有一套应对计划（比如提前练习几句回应的话，态度礼貌、语气坚决；想好可以找哪位上司求助；练习打电话时要说的话）。
- 碰到周围环境里有让孩子的感觉超负荷，或者其他让他感到不舒服的东西时，有一套应对计划（比如在工作场所准备一个安静的小空间，可以让他喘息一下）。
- 请求用人单位定期给予建设性的反馈。

## 不要放弃！

总而言之，要为孤独症青年找到一份稳定工作，困难程度是难以想象的。而且，除了专门为程度一般的孤独症人士设置的支持性就业、保护性就业、庇护性工厂等就业安置形式之外，其他形式的就业更多地要靠家长的关系网或者家族企业，而不是官方渠道。但愿这种情况将来会有所改善，但是在这之前请不要放弃！尽管有过很多失败的求职、就业经历，很多谱系年轻人还是找到了力争保证稳定就业的努力方向，下面这个案例就是其中之一。

## 杰夫

杰夫和爸爸一起生活，他一直想成为一名园林设计师。他对秩序有一种热爱，所以，把每一方草坪都打理得整整齐齐，把每一排灌木都种成一条线、修剪到完美无瑕，这种事情实在是太对他的胃口了。尽管有非常严重的学习障碍，他还是在家教的帮助下完成了一门有关园林设计的线上专业课程。他很想做这一行，但是也意识到必须要努力才能实现梦想。他先是为一位园林设计师义务帮忙，希望将来能转为正式工作。但是一年过去了，他还是一个志愿者的角色。

于是，他开始去求职。因为智商比较低，没有资格申请支持性就业项目，因此他开始进入竞争性就业市场。可惜的是，用人单位都不太愿意聘用他，他的在线教育文凭也没给人家留下什么印象。他不怎么和人对视，还有一些刻板行为，这使得他的孤独症特质表现得比较明显，基本上面试不超过五分钟就被淘汰了。职业介绍所给他安排过一系列的就业技能培训，但是，他的技能还是不可能达到普通人的水平。杰夫的爸爸和公园管理处有点关系，所以杰夫在那里做过几次暑期短工。但是冬天没有活儿的时候，他就只能一家家职业介绍所挨个联系。他发出过十几份求职信，去过十几次乱糟糟的招聘会，也都是白跑一趟。有过几次试工，但是用人单位对发育障碍完全不了解，只是因为有鼓励政策才提供了几次短期岗位。而且，就在杰夫刚刚适应了职业介绍所一位新就业顾问的时候，这位顾问又调到别的岗位去了。杰夫对此特别难过，渐渐地不再信任专业人士了。新换的就业顾问都不了解杰夫的情况，觉得他跟其他 35 名普通客户一样，不需要额外的关注。杰夫的爸爸就此进行投诉的时候，机构却说他的要求太高了。杰夫最终获得了一份为期一年的工作，但是只干了几个月时间，工作时间就被大幅压缩。单位负责人给的理由是生意不景气，但是在杰夫爸爸的追问之下，他才承认是因为杰夫的工作速度太慢，跟不上团队的其他成员。因此，杰夫想要在这个行业获得一份稳定的工作，是不大可能的。

杰夫的爸爸思来想去，还是得给杰夫找一个更适合他的工作，同时符合他的兴趣，于是找到了一位开园艺店的朋友。这位朋友聘用了杰夫，安排他清点库存、摆放货物。尽管这份工作基本没有难度，但是很符合杰夫对于精确度和秩序感的追求，同时还能用上他那些园林设计的知识。这份工作的上班时间很有规律，工作环境也没有频繁的变动，杰夫在这里健康成长，他自己也很自豪。规律的作息可以让他在工作之余去参加社交娱乐活动，稳定的收入可以让他学会理财。尽管杰夫的爸爸花费了很多心血，但是他为儿子的进步感到非常骄傲。

## 拾贝 · 宝典

**高中毕业之前**

- 选择能够安排工作实习（实习生、学徒工或者半工半读项目）的特殊教育项目，努力让孩子高中毕业。
- 请个案经理介入，把在校工作经历和现实中的就业机会联系起来（详情请参见本书第 3 章有关个案经理的内容）。
- 看看孩子，尤其是程度一般的孩子，是否有资格申请支持性就业、保护性就业或者庇护性工场。
- 如果有家族企业的话，考虑能不能在里面给孩子安排工作。
- 如果孩子的程度不错，可以考虑互联网自主创业，但是要做好为他提供支持资源的准备。

**高中毕业之后**

- 孩子该找工作找工作，不要因为这个就不再安排有意义的活动，尽管有时候可能因为突然通知孩子去面试或者试工，而不得不取消活动安排。
- 利用关系网，为孩子寻找工作机会，准备一个"电梯演讲"来拉近关系，如果能联系到行业领军人物的话，可以请他们提供帮助。
- 有些中间人与用人单位负责人有私人关系，能够确定某个单位有没有岗位空缺，应该优先跟进他们提供的岗位信息。
- 在求职过程中，每一步都会碰到孤独症导致的困难，这些困难在本章已一一列出，仔细回顾并帮助孩子学习如何应对这些困难；可能的话，尽量不要参加招聘会。
- 关于孩子的诊断情况要不要公开、什么时候公开，要和孩子一起商量决定。有时候在求职信里说明这个情况会更好。
- 如果对接了职业介绍所，可以问问他们的孤独症客户求职成功率有多高，客户能不能比较容易地对接到岗位开发人员，工作人员有没有时间陪同客户一起去面试或者去工作场所，直接与18岁以上的客户的家长沟通需要什么手续，对用人单位有没有经济上的鼓励政策，他们机构的工作人员流动性大不大，等等。

- 就业培训项目可以当作是让孩子生活结构化、与外界进行接触、给家长喘息时间、（在有些情况下）对接岗位开发人员的途径。
- 本章列出了孤独症孩子在工作时所需的一些特殊照顾，家长要分析哪些要求有助于他们保住工作，然后向用人单位提出申请。

# 第 6 章

# 提高生理和心理健康水平

> 妈妈：见了新医生，感觉怎么样？
>
> 儿子：还行。
>
> 妈妈：医生跟你说什么了？
>
> 儿子：就吃药那些事儿。
>
> 妈妈：她有什么建议吗？
>
> 儿子：还是原来那些药。
>
> 妈妈：有处方吗？
>
> 儿子：（在口袋里摸索）有，兜里呢，哦，还有个化验单，验血的。
>
> 妈妈：医生说了应该什么时候验吗？
>
> 儿子：不知道。
>
> 妈妈：那，下次什么时候去？
>
> 儿子：不知道，可能得问问她办公室，我得去上课了。

这是一个 18 岁孤独症谱系障碍年轻人和妈妈的对话，对话中没什么重要信息。孩子刚刚去见了新换的家庭医生，医生需要跟踪他的癫痫用药情况，还要关注他的整体健康状况。他这两年的药量基本稳定，所以应该不会有什么变化。

但是，值得注意的是孩子和妈妈之间的互动风格，还有谈到后续安排时孩子那个稀里糊涂的劲儿。如果您是这位妈妈，会有什么感觉？这个年轻人多一个字都不想说，这表明他很烦躁。有可能是因为上课要迟到了，但也有可能是因为这种互动模式。可能他觉得这应该是他和医生之间的事，妈妈管得太宽了；可能他不喜欢这个医生，只是因为妈妈让他去才去的（注意：他说了句"还行"，这不一定是他对医生的真正看法，也有可能仅仅是因为不想跟妈妈多废话）；可能他觉得这些医疗上的事应该由妈妈去操心，因为一直以来都是这样的；可能他讨厌服用癫痫药物，因为周围同龄人都不需要吃这个；也可能他不喜欢验血。我们不了解他的想法和感受，唯一能看出来的就是他没心情说话。

我们还知道，之后再让他去见这个医生可能有点麻烦，因为这个年轻人好像没约下次，而且想当然地觉得妈妈会安排好的。但是在法律意义上他已经成年，因为隐私原因，他妈妈不能再代劳了。也是因为这个原因，家长一般不允许介入孤独症成人与医生之间的沟通。至少，孩子要签署一个同意书，允许医生及其同事与家长直接沟通，之后才能再次挂号。

如果您的儿子也是这种情况，您会怎么做呢？我建议在趁他不赶时间、心情也不错的时候，跟他好好聊聊，了解他跟医生见面的时候具体发生了什么。之后再跟医生办公室联系，看看需要做什么才能预约下次面诊、安排家长和医生沟通。这里所说的沟通，可以是远程的，比如家长提出问题、医生书面答复；也可以是面对面的，比如下次面诊时家长一起去。但不管是哪种，都必须经过孩子同意，毕竟从法律意义上讲，他已经是个成年人了。如果孩子的程度一般，家长也许能拿到一份医疗授权书，有机会参与决定医疗方面的事务（如果感兴趣的话，可以就此向律师咨询）。不过上面案例中的孩子的独立性较高，用不到这个。

这个案例提出了孤独症成人医疗方面的有关问题，本章将进行深入讨论。从这个案例中我们可以发现，从儿科过渡到成人的医疗转衔常常不是那么顺利。不管是慢性病（比如上面这个案例中的癫痫），还是新发的、突发的健康问题，或是预防保健，都是如此。除了生理方面，心理方面也是如此，所以两种情况的案例都会涉及。本章将讨论如何促进医疗转衔，不过首先要分析为什么对于孤独症谱系障碍青年来说，这是一个必须关注的课题，以及儿科与成人医疗有什么区别。

## 为什么孤独症谱系障碍人士的健康状况需要格外关注？

孤独症青少年的就医比例高于平均水平，有几个方面的原因（Croen et al., 2015）。有些是因为孤独症导致的躯体症状，比如睡眠问题、极度挑食（可能导致某些营养素缺乏）或者消化问题。有些是因为孤独症谱系障碍人士中常见的共病，比如癫痫、过敏、情绪或者焦虑障碍等。还有些是因为治疗孤独症产生了躯体反应，比如，有些药物是针对行为干预的，但同时也会导致发胖，因而增加罹患糖尿病或者心脏病的风险（Williamson et al., 2017）。除此之外，跟所有孩子一样，孤独症孩子也会生病——与孤独症无关的病（比如得了阑尾炎需要紧急手术，脊柱侧弯需要矫正等）。

孤独症的康复治疗和部分医疗措施也会互相影响。有些医疗措施可能会影响孤独症的康复治疗。前面案例中的年轻人，一直在服用药物控制攻击性行为，但是第一次癫痫发作后他不得不停了药，直到后来咨询了小儿神经科专家才恢复。经专家判断，控制行为的药物和癫痫药物可以同时服用，不会产生不良后果。但是停药这几个月来，他的行为控制受到了影响（也因此影响了他在学校的正常学习），所以一个学期都没上学。反过来，孤独症的某些症状也会影响正常医疗。举例来说，有些孩子对噪声极度敏感，那么有些医学检测（比如核磁共振成像，伴有巨大的噪声）可能就做不了；有些孩子对某些东西非常痴迷，可能就会妨碍他养成健康的生活习惯（比如电子游戏上瘾，会影响睡眠规律和锻炼习惯）；还有些孤独症孩子教条刻板、不能变通，很难打破原有的生活规律去做一些改善身心健康的事情（比如按时服药、锻炼、冥想等）。

基于上述种种原因，您可以发现要保证孤独症孩子的身心健康，无论是对家长还是对医疗专业人员都是一项艰巨的任务。到了18岁（有些地方法律规定可能更小年龄），孤独症人士还面临着从儿科转到成人的医疗转衔问题。这时就需要孤独症人士为自己的健康承担更多的责任，也需要家长去培养这种责任意识。接下来我们先分析儿科和成人医疗的区别，再讨论如何培养这种责任意识。

## 儿科医疗和成人医疗有何区别？

一般来说，儿科医生以及儿童心理健康专业人员对于孤独症的相关健康问题比较熟悉，在为孤独症孩子及其家庭提供医疗服务方面也比较有经验。可惜在成人医疗专业人员中，熟悉这些的就比较少了，所以，孤独症人士就医需求在成人医疗中的这块"知识空白"只能由孩子和家长来填补。之前提到过，如果孩子超过 18 岁，则出于医患保密的缘故，家长可能没有权利参与孩子的医疗事务。但是，孤独症孩子之前的医疗一直都离不开家长的辅助，也一直都是家长在代理，现在突然发生变化，可能就会影响医疗效果。家长可以向初级保健医师咨询所在地区有关隐私方面的法律规定，看看哪些条款可能会影响孩子的医疗。

表 6.1 儿科和成人医疗专业人员的差异

| 儿科医疗专业人员 | 成人医疗专业人员 |
| --- | --- |
| 探究可能导致问题的各种因素，不管是家长原因，还是孩子本身原因 | 直奔主题，快速诊断，通常仅询问患者本人 |
| 针对问题，从家庭、学校以及社区等方面分析原因 | 很少关注环境因素 |
| 结合早期发育的角度分析问题 | 关注当前状态 |
| 不但处理当前问题，还会考虑未来可能影响医疗护理的因素 | 处理当前问题 |

对于突发性的健康问题，比如需要外科手术时，可以通过各种各样的方法为孩子提供全程辅助。比如让家长从头到尾参与进来，把将要发生的事情简单解释给孩子及其家长；通过画图的方式一步步讲解这些程序、提前演

练类似的程序，完成以后给孩子一些正强化、减少感官刺激；提高对于医疗专业人员的培训，等等，都是值得提倡的方式（Koski, Gabriels & Beresford, 2016）。可惜的是，对于慢性病的治疗，在医疗转衔的过程中应该如何帮助孩子过渡，这方面的资料目前还不多。有一种方法可能比较有前景，叫作"居家医疗护理模式"。这种模式要求家庭医生和专业医生紧密合作，最好是在一起办公，保证两者之间能无缝衔接（Todorow, Connell & Turchi, 2018），可惜还没有被广泛普及。但是，过渡到成人医疗，并不仅仅是成人医疗专业人员要学习孤独症的有关知识、同时与儿科医生合作这么简单。如表6.1所示，面对相同的健康问题，儿科和成人医疗专业人员的处理有根本的不同。儿科医生更加倾向于查找多方原因，把环境和儿童发育发展结合起来思考问题，同时，在治疗上既考虑长远目标，又考虑近期目标。

通常，为成人提供医疗服务的专业人员与儿科医生的做法正好相反。当然，表中的概括是有一点刻板印象的，现实中很多医疗专业人员是处于中间位置的。但是，表中所描述的情况也说明了不同的医疗专业人员有不同的倾向和偏见，尤其是在自己的舒适区之外时，这种倾向和偏见就越发明显，这跟很多人对待孤独症青少年的态度没什么两样。

为了说明这些差异对于孤独症青少年的影响，我们来看两个案例。这两个案例属于两个极端，都出现了一些问题。

## 罗杰

20岁的罗杰有孤独症，因为感觉问题，总是忍不住抠鼻子，结果他鼻子流血的情况越来越严重，最后甚至要去急诊。但急诊医生只是简单地问了问罗杰的病史，给他做了检查，然后用了电凝止血，就让他回家了，也没给任何建议。可是回去之后罗杰还是忍不住抠鼻子，结果几个星期以后又去了一次急诊。

在这个案例中，很明显，急诊医生采取了"成人医疗"模式，只关注了患者本人和当前问题。在急诊那种快节奏的环境下，这种风格是很常见的。

从短期来看，对患者也很奏效，电凝止血也成功了。可惜的是，医生没有关注到长期护理的需要，导致了问题再度发生。

罗杰的妈妈向我咨询，但我当时已经不执业了，所以就给她推荐了一位行为心理专家。专家带着罗杰进行了干预，使用的干预方法叫作"行为反向疗法"①，可以有效地减少反复撕皮、抠鼻子或者拔毛发等行为的发生。尽管罗杰不愿意尝试这种方法，但是干预最终还是看到了效果，并且找到了其他方式来应对这种有害身体健康的感觉强迫行为。

## 卡西

卡西是我以前的一个个案，当时18岁，有孤独症，不过几年来状态一直都不错。她有注意力方面的问题，一直在进行药物治疗，剂量不大。因为她的状态一直都挺稳定的，所以我们几个月才会见一次。但是，卡西特别痴迷于收集宝可梦卡牌。她对这些东西爱得如痴如醉，每天都要花好几个小时在上面，甚至在做其他事情的时候也会想着这些。有一天，她在本地一家便利店看到一套自己没有的宝可梦卡牌，没付钱就拿走了，然后就被抓住了，店家还叫了警察。警察到现场的时候，她非常恐惧，冲出商店跑到附近一座桥上，想要跳下去。幸运的是，追上来的警官一把拉住了她，让她脱离了危险。警官把她送进了附近一家医院。

那里的精神科医生对卡西及其父母，还有那位警官进行了询问，还在电话里跟我简单地谈了谈，敲定我明天第一时间去跟卡西会面。这位医生根据他收集到的这些信息判断说，卡西在商店偷窃，包括后来想要自杀，其实都是因为孤独症（对宝可梦的痴迷也是这个原因）和注意力问题（控制冲动的能力较弱）导致的冲动表现。他的建议是，家庭关系紧张问题，还有和同学相处问题，都要想办法处理。无论是在家还是在外面，都要对卡西进行密切观察。同时他还提议释放卡西。考虑到卡西的心理健康问题比较复杂，这位医生采取了"儿科医疗"的模式，因为

---

① 译注：行为反向疗法（habit reversal）也称习惯扭转疗法。

这种模式看起来更符合卡西的发育水平和实际表现。

第二天我见到了卡西，差点儿没认出她来。两个月前，她还是一个活泼灵动的女孩，注意力有点不集中，总是滔滔不绝地说着她的宝可梦。而现在，她看起来非常难过，说话很慢，已经有几个星期没睡好觉了。她说其实上周她就有过好几次自杀的念头，商店行窃事件只不过是促使她付诸行动的"最后一根稻草"罢了。我的诊断是，她得了抑郁症。后来她服用了抗抑郁药物，定期预约心理治疗，取得的效果还不错。

在这个案例中，如果在医院的时候能对当前问题（抑郁状态）更为重视，对导致她这些表现的各种因素进行综合考虑，可能会更有帮助。

可以看出，无论单独使用哪种模式都是会有问题的。不过，等到孩子进入成人医疗体系以后，您会发现，带有"成人医疗"偏见的医疗专业人员更多一些。接下来我们看看如何为这种转变做好准备。

## 为孩子接受成人医疗做好准备

跟很多转衔时期遇到的问题一样，我对医疗转衔的建议也是：越早着手准备越好！因为在医生和医疗专业人员那里排队的人可能很多，所以尽量提前联系，不要等到孩子18岁才去。要至少留出一年的时间来过渡，有些地区医疗资源不是那么充足的话，时间还要再多点。考虑转衔问题，要从三个关键角色（除了家长之外）的角度出发：孩子、之前对接的医疗专业人员、准备接手的医疗专业人员。

### 孩子

要换新的医疗专业人员，孩子可能会感到焦虑。他们可能会担心，不知道自己该说什么，不知道谈到之前接受的医疗服务时到底说多少合适，也不知道新换的医生会有什么要求。为了缓解孩子的不安，家长可以准备一份书面材料，概括说明主要的健康问题，交给准备接手的医生。材料尽量简明扼要，尽可能用列表或者要点提炼，因为太长的话对方不一定有时间看完。

有些医疗机构有格式化的总结，可以做成一份"健康护照"，方便孩子向成人医疗过渡。比如，我之前的那家机构为了了解这些信息，就设置了那种专门为各种障碍就医人员设计的在线表格（多伦多病童医院 2007–2012）。专为孤独症设计的表格包括下列项目：说明本人是否患有孤独症常见的共病（如焦虑障碍、注意力缺陷多动障碍、学习障碍、癫痫等），是否接受过免疫接种，是否做过手术，服用何种药物，是否有过敏史，有没有饮食禁忌，血型，日常生活是否能够自理，有没有睡眠问题、沟通问题、交通问题，和他人的互动方式是什么，应对变化的方式是什么，学校内外所需的额外支持资源都有哪些，之前对接的所有医疗专业人员的名字，以及紧急联系人信息。

除了做这份总结，家长还要跟孩子聊聊成人医疗和儿科医疗有哪些不同，这在前文已经讨论过。谈及这些差异的时候态度要尽量积极一些，强调成人医疗比儿科医疗更加尊重患者的自主权，保护个人隐私，提倡责任自负。不要说儿科医疗再也没有了，多说说"毕业升级到成人医疗"了。除此之外，想想新换的医生通常会问哪些问题，帮助孩子演练应该如何回答，再想想孩子可能想问哪些问题，也演练一下应该怎么问。有些孩子对于自己不同意或者不理解的事情，可能需要鼓励才敢开口向医生提问。要跟孩子强调，他们有权利知道医生为什么要建议这样或者那样的治疗。如果孩子不想告诉家长自己跟医生讨论了什么，这是没有问题的，家长应该对此表示理解。最后，新换的医生给了什么医嘱、下次预约是什么时间，要让孩子记下来（或者输到智能手机上）。跟孩子进行谈话，发出这样一个信号：跟医疗专业人员打交道这件事，需要孩子以后自己多操心，但必要时家长仍然愿意提供帮助。

**之前对接的医疗专业人员**

如果之前对接的医生能在成人医疗系统里找到可以接手（把孩子转介过去）的医生，能告诉家长转介程序是什么样的，还能把相关医疗记录提交过去，那将会给整个医疗转衔过程提供大大的便利。准备接手的医生可能会根据当地法律的规定要求孩子和家长（或其中一方）签署书面许可。不管转诊过程是什么样的，都要请之前的医生针对孩子的情况写一份医疗总结，跟新接手的医生实现信息共享。成人医疗专业人员非常忙，比起长长的医疗记录，他们可能更愿看同行写的总结。

除此之外，问问儿科医生，新医生接手之后在医疗方面可能会发生哪些变化。举个例子，有些儿科医生除了体检的时候不让家长在场，其他时候都让。但是成人医生可能只允许家长待在候诊室。如果孩子对验血极度敏感，有些儿科医生会减少血检次数，但是成人医生不大可能会这样做。提前知道这些，可以避免孩子和家长因为突然的变化而感到不舒服。

如果孩子在定期服用药物，在转诊之前问一下医生，用药剂量是否可以先不作调整。因为不管是什么类型的药物，如果新接手的医生能在一段时间内保持药量不变的话，那么即使开药的医生换了，也不会对孩子造成太大影响。就算之后医生不得不调整用药，也已经对孩子有所熟悉了。有些时候这是不太可能做到的，因为有些孩子，尤其男孩子，18岁以后长得很快，在转诊过程中必须调整用药剂量。不过，在这种情况下，可以请儿科医生在医疗总结里对药量问题进行说明，这样的话能引起新接手医生的注意。

除此之外，有些儿科医生很愿意坐下来和家长、孩子一起详细聊聊转诊问题。有些论文综述中提倡家长、孩子和医生一起规划（Coury et al., 2014）。但是，不是所有儿科医生都愿意这么做，而且按照有些地方的法律规定，这部分工作是没有报酬的。

**准备接手的医疗专业人员**

如果可选的医生不止一个，那就分析一下各自的优缺点再决定。比如，有些医生可能只在正常上班时间接诊，这会影响孩子的日常生活规律，而有些医生的时间就比较灵活。有些医生比较有亲和力，而有些医生的风格就比较公事公办。衡量一下哪种医生更适合自家孩子，再争取转诊过去。

有些时候，新接手的医生会要求孩子或者家长打电话确认同意转诊并且商讨就诊要求和等待时间。因为谱系孩子常常不太会进行电话沟通，所以如果您想要代替孩子打电话的话，就要先跟对方解释清楚。然后，看看孩子能不能做个授权，同意您代替他打这个电话，口头或者书面表示同意都行。

一般来说，新接手的医生不会像儿科医生那么熟悉孤独症谱系障碍，因为在儿科这方面的培训要比成人医疗多多了。因此，家长要做好准备，帮助新接手的医生了解孩子的需求。谈话的时候要讲究方式方法，重点强调过去用了哪些方法，哪些有效、哪些无效，而不是像做讲座一样滔滔不绝（这样会让人觉得你在居高临下地教育人家）。如果孩子同意的话，问问医生面诊的时候能不能允许家长参与，以便提供一些背景信息。如果不行，可以把问题写下来，交给对方。

## 如何与成人医疗专业人员合作？

前面那些讨论，可能让人觉得转诊到成人医疗会引出很多麻烦。其实并不完全是这样。有些成人医疗医生，知道自己在孤独症谱系障碍领域的经验不足，反倒会更加谨慎，保证让孩子得到最理想的治疗。举个例子，我儿子需要服用中枢神经兴奋剂，他就发现，从"儿科"那里毕业之后，新接手的成人家庭医生在跟踪用药这方面非常谨慎，保证他耐受良好。这位医生一直询问他有没有常见的不良反应，给他测血压看是否稳定，关注他的体重以便调整用药剂量，在他工作以后还关心他，面对新的压力时药物是否有效。

而且，有些医生因为在孤独症谱系障碍方面没有什么经验，实际上很欢迎家长的参与。比如，他们可能会觉得孩子的医疗问题非常复杂、很耗时间，所以如果您能用简单的话来概括说明跟进治疗需要做些什么的话，他们会很愿意听。跟大多数慢性病患者一样，如果孤独症谱系障碍人士能有长期稳定不变的对接医生，即使并不是总见面，也能受益颇多。换句话说，他们可能希望在自己面临健康问题的时候能有人伸出援手，而不是每个月都来监测自己的状况。另外，还要记得提醒医生，给孩子提建议的时候最好每次只提一两条，问诊的时候注意不要问那些让他们痛苦或者会刺激他们的问题。如果可能的话，约诊时间最好不要影响孩子的日常生活规律。

不过，至于孩子的身心健康问题会对其他家庭成员有什么影响，这个问题不要指望一直给成人看病的医生能考虑到。举个例子，有一位经验丰富的急诊护士曾经告诉过我，她发现有很多中年的孤独症谱系障碍孩子妈妈都有严重的血压问题，而她们的家庭医生很少会把家长的高血压和养育孤独症孩子联系在一起。

过渡到成人医疗体系，还面临其他一些困难，接下来要谈的是一些具体的想法和案例。

## 如何应对慢性病？

对于患有慢性病的孤独症谱系障碍人士来说，过渡到成人医疗的过程可能不会很顺利，主要原因有以下几点。

第一点，主要面向成人的医生对于孤独症的相关问题，常常不像儿科医生那样熟悉。比如，孤独症谱系障碍可能会用到一些针对行为控制的药物，成人医生对此可能没什么经验，但还得监督这些用药情况，又没有儿科医生的指导。他们可能还需要家长的帮助才能更好地理解孤独症孩子的需求。您在提供信息的时候，仅仅提供医生需要的部分就可以，因为大部分医生非常忙，没有太多的时间了解孤独症的方方面面。

第二点，个案管理的做法在儿科医疗中比较普遍，但在成人医疗中基本没有，所以您可能需要找一找。本文第3章详细讨论过，个案管理指的是由一个人专门负责协调孩子医疗方面的所有事务，与孩子、家庭以及其他相关的医疗专业人员进行沟通。这个人如果一直负责到底的话，那么孩子从儿科到成人的转衔过渡就会比较顺利，因为他对患者所有的医疗检查和负责医生都很了解。如果安排的面诊时间太频繁，孩子或者家人应付不过来的话，他也会注意到并协助调整。有时候跟不同医生的预约时间有撞车情况，他也能帮助避免。

第三点，在成人医疗体系中，很多孤独症患者处于"三不管的地带"，因为现有的治疗方案没有完完全全适合他们的。针对孤独症儿童的治疗方案很多，相比而言，针对孤独症成人的就没有那么多。随着医疗界对孤独症成人的了解越来越多，将来这种状况可能会有所改善。但是就目前来说，现实还很不乐观。所有这些问题，都需要家庭和专业人士去争取、去呼吁解决。要对医疗专业人员进行更好的培训，要有持续稳定的个案管理以及针对孤独症成人的治疗方案。

如果成人医疗专业人员对孤独症不够了解，又没有适合孤独症成人的治疗方案，就可能导致患有慢性病的孤独症人士被遗忘在"三不管的地带"，接下来我们来看一个案例。

## 丹尼斯

丹尼斯一直都非常挑食。如果妈妈想要强制她吃东西，或者她跟妹妹打了架，就越发吃得少了。丹尼斯有孤独症，在同龄人面前举止行为不是那么得体，这让妹妹觉得很没面子，所以就总是欺负她。丹尼斯一直定期去见治疗师，讨论如何应对这些问题。但是在她快18岁、上到12年级（高中3年级）的时候，姐妹之间的冲突升级了。她的体重已经很轻，到了危险的地步。

她被转诊到一个针对青少年的进食障碍门诊，但是那里的工作人员没有同意接诊，因为她已经骨瘦如柴，不符合他们的接诊标准了。然后她又被转诊到别处，这次是住院治疗，也是针对青少年的进食障碍。那里负责新入院患者协调工作的人认为，她的进食障碍问题是"因为从小就有孤独症"，应该由孤独症专家来处理，但是他们那里没有这类专业人员。此时，丹尼斯的体重还在持续下降。

幸运的是，结局还是皆大欢喜的。她的治疗师帮忙联系了一位专门针对成人的精神科医生，医生主张她接受住院治疗，因为她的进食障碍问题显然已经不是孤独症能解释得了的了。住院期间，她通过鼻饲管进食，体重恢复得正常点了，也开始了家庭关系方面的治疗。家庭关系治疗师虽然在孤独症方面没有什么经验，但是之前接过进食障碍的个案，于是她把那些治疗原则也应用到丹尼斯的个案当中。她能透过孤独症去分析进食障碍问题，给丹尼斯实施的治疗方案和其他进食障碍的女孩没有什么不同。家庭关系方面的治疗一直在进行，丹尼斯的妹妹上了大学、离开了家，这两个因素促进丹尼斯恢复了正常体重。

那么，在等待这些体制性的问题改善的时候，作为家长，您能做些什么呢？以我的经验来看，最好的办法就是跟医生谈，让他们知道孩子的特殊需求，让他们知道您有多么感激他们愿意帮助孩子。跟医生聊聊孩子有多么艰难、多么努力，曾经获得过哪些帮助，现在他们长大成人，您能找到跟以前差不多的医疗服务有多么困难，这些都能让孩子获得更多的同情。很多医生都会为自己能"以患者为中心"感到自豪，不愿意按照一套死板的规则对待所有患者。如果您能和医生友好沟通（而不是站在对立面上），让他们理解孩子的特殊需要，那么他们就更有可能"跳出思维定势"，想办法照顾这些需要。如果他们看上去好像听不进去您说的话，也许可以请家庭医生或者个案经理来谈。

## 如何应对新发 / 突发病情？

孤独症谱系障碍成人出现了新的健康状况，处理起来最常见的问题是没有长远的解决方案、没有个案管理。孤独症是一个长期的状况，而短期的解决方案，目的只是缓解现有的症状或者症候群，并不总是奏效。举个例子，孤独症孩子很难适应转换和变化，而生活中又充满了各种各样的转换和变化，这么多年他的焦虑情绪被反反复复不断地触发。针对这种情况，如果只给他们安排几节针对焦虑爆发的循证实践心理治疗课程，可能不会有太大效果。这种情况应该引入个案管理（详情请参见本书第 3 章），因为任何人都无法预测孩子还会出现什么新的问题，这就需要多方医疗专业人员的参与。而且孤独症和这些病情之间有没有相互作用或者影响，这一点并不明确，下面这个案例就属于这种情况。

### 胡安

孤独症孩子胡安，十几岁的年纪，高高瘦瘦的，因为脊柱侧弯（脊柱弯曲）需要在夜里戴支具，已经戴了两年了。17岁那年，有一天夜里他癫痫发作，突然间哭喊起来，抖得厉害。救护车来了，给他吸了氧，把他送进了医院。他焦急地央求妈妈把支具解下来，因为支具已经移位了，他觉得自己简直不能呼吸。可怕的几个小时过去了，管床医生终于同意他把支具解下去。可是，这之后胡安再也不想戴支具了，因为他害怕那天的事情再度上演。骨科医生坚持认为如果他不想做背部手术的话，就得继续戴，但是胡安就是不戴。医生也表示很无奈，实在没什么解决办法。神经科医生花了四个月时间才用药物把胡安的癫痫病情稳定下来。胡安得知现在癫痫复发的风险比较小了，也放心了，才又戴上了支具。虽然不用动手术，但是因为治疗期间中断了一段时间，所以支具还得多戴一年，比之前预期的时间要长。

在这个案例中，有两位医生参与其中，分别是骨科医生和神经科医生，但是他们都没有意识到需要跟胡安谈一谈，消除他对支具的恐惧心理。骨科医生只看到了这名患者的依从性不好；而神经科医生关注的是如何控制癫痫，觉得脊柱侧弯是外科医生的事。

那么胡安的这种焦虑需要治疗吗？可能不需要，因为他的焦虑确实是有现实基础的。但是，如果有个案经理的话，也许就能帮到他。个案经理可以跟胡安、两位医生都谈一谈，也许就能获得一些信息以缓解胡安的恐惧。至少可以跟医生解释一下胡安为什么不肯配合治疗，缓和一下医患关系。

## 如何做好预防保健？

养育孤独症孩子这么多年了，关于如何鼓励孩子养成良好的卫生习惯、预防疾病，您可能已经积累了很多经验。但是，随着孩子越来越独立，离开家的时间也越来越长，这个课题有必要重新讨论。

对于孤独症谱系孩子来说，在预防保健方面普遍存在的问题包括饮食不健康（要么过分挑食、要么暴饮暴食）、入睡困难或者睡眠太少、体育锻炼不够，还有就是不能坚持服药。造成这些问题的原因有很多。挑食，常见的原因是感觉敏感；暴饮暴食，常见的原因是服用了行为控制的药物。很多孤独症人士都有褪黑素以及其他神经递质水平失调的问题，而这些都与睡眠有关。过度痴迷于某种兴趣爱好，尤其是那些需要在电脑屏幕前待上好久的兴趣爱好，也会影响锻炼和睡眠。限制使用电脑时间，每天不能超过几个小时，睡觉之前至少一个小时之内不能再用电脑，这些都是比较重要的规则，但是常常难以执行。

所有这些问题都会影响身心健康。对于青少年来说，不管有没有孤独症，保证营养良好和睡眠规律、定期进行有氧运动，对于行为、情绪和焦虑问题都有缓解作用。在有些情况下，良好的"心理健康习惯"也很有必要，比如写日记或者冥想，可以让大脑平静下来，让人们恢复最佳状态。上述这些活动，不管哪一种，如果孩子已经定期在做，都要鼓励他们继续坚持。如果还没有，就尽量多给他们提供几种有益心理健康的锻炼形式，鼓励他们选择其中一种，每天坚持。如果孩子觉得自己有选择权，就可能更愿意去尝试新东西。有很多手机应用和网站，都可以帮助人放松、冥想或者应对焦虑情绪。比如，有一款来自加拿大的手机应用，叫"换换脑子"（Anxiety Canada 网站，2019），我有很多处于青春期的患者都用过。喜欢写作的孩子可能比较愿意写日记，不过这种活动可能需要有人引导。写日记，应该总是先从正面的事情或者自己感恩的事情写起，免得让自己陷入消极的情绪中难以自拔。还有些孩子可能喜欢通过瑜伽或者武术来释放身体上的压力。也有些孩子虽然不太愿意听家长的建议，但是如果是朋友正在参加某些心理健康活动，或者是咨询师建议他们参加，他们就会比较愿意去做。因此，可以找一些这样的人，给他们带来一些积极的影响。

有些孤独症孩子很讨厌服用药物，还有些孩子做不到按时服药。尽量避免和孩子在坚持服药这件事上发生争执。服药是很好的健康习惯，和其他好习惯没什么两样，态度上不应该区别对待。如果孩子服药有副作用，那就让他们务必告知医生。如果孩子觉得不得不用药这件事让自己很难堪，就告诉他们其实很多年轻人都需要用药，而且很多时候，没有必要让别人知道。如果他们做不到按时服药，可以试试下列建议，这些建议在预防保健各个方面都是适用的。

- 家长希望孩子做什么，就带头示范什么。如果您希望孩子锻炼或者冥想，那就和孩子一起做。如果您希望孩子吃得健康，那就和孩子吃一样的东西。
- 给孩子一些选择，以示对孩子自主权的尊重。如果孩子喜欢吃生菜，讨厌吃甘蓝，那么准备营养餐的时候就尽量尊重他的偏好。如果一周只有一次，孩子很喜欢看的剧恰好和他的睡觉时间有冲突，只要他能保证不影响第二天的活动，那就允许他那天晚睡一会儿。
- 创造条件、排除障碍。举个例子，要想帮助孩子养成健康饮食的好习惯，就不要买垃圾食品，同时在冰箱里备几样有营养的食物，方便孩子自己用微波炉热着吃。如果孩子在集体中比较腼腆，那么最开始的时候就自己先做点健身活动，之后再去参加团体体育活动。
- 把好习惯和孩子已经在做或者比较喜欢的活动结合起来。比如，去健身房锻炼之后，再去趟图书馆或者漫画书店；睡觉前讲讲故事，或者看看漫画小说，以便保证规律睡眠；把该服用的药物放在厨房，和饭一起吃。
- 逐渐形成规律。坚持在每周同一天的同一个时间做这件事情，一段时间之后，家长慢慢退出。
- 把健康习惯统筹规划，形成一个体系。利用健康活动来使孩子的生活结构化，同时让他走出家门、有事可做。比如，每天早上上班之前把孩子送到健身房，之后让他自己坐车回家。把健康饮食的原料留在冰箱里，孩子可以自己做午饭，之后再上课。共进晚餐之前，写日记或者做冥想可以让人神清气爽，对这一整天有个轻松的回顾。在这个体系慢慢形成的过程中，家长应该时刻关注、经常鼓励。

- 家长慢慢退出。就拿吃药这件事举例，使用分药器，先是每天都检查孩子有没有吃药，再慢慢变成每周往分药器里补充药物的时候检查一次就可以，之后是提醒孩子自己往分药器里补充药物，最后让孩子在吃药这件事上自己负起责任来。

- 不要老是指责批评、唠唠叨叨。家长越是提醒孩子应该做什么，他们可能越不做什么。要是批评他们没有进步，那就更没效果了。想要让孩子坚持不懈，列清单、做日程表比口头提醒和批评指责要有效多了。

- 孩子在养成习惯方面有了进步，家长一定要正面鼓励，不过要低调一点，不要听起来太幼稚。比如，可以这样说，"你上周去了两次健身房，这样挺不错的"，而不是他去一次健身房您就奖励个金光闪闪的小贴纸。记住，一点一滴的进步都是有意义的，鼓励能让我们所有人都有所收获。

## 家长的角色：还有一点点思考

本章谈到的想法太多，可能会让您有点消化不了。请放心，这里列出的东西，您不需要面面俱到。孩子不一样，家庭不一样，需求也不一样。而且，医疗体系不一样，在转衔过程中能提供的支持资源多多少少也有些不一样。如果您孩子所在的医疗体系能提供个案管理，并且能保证儿科医疗与成人医疗专业人员之间沟通顺畅，或者能实现这两个条件中的其中一个，那么本章所提到的大部分建议，您都可以交给这些专业人员去做。不过，和孩子讨论仍然是有必要的，但是在不同的情况下，讨论的形式和次数也有所不同。有些孤独症孩子希望仍然由家长代他处理大部分健康相关问题；有些孩子就很在乎隐私，除非绝对必须的情况，否则不希望家长介入。有些孩子自己有能力处理好绝大部分健康事务或者挂号看病的事情，有些孩子在这方面还比较依赖家里人的辅助。

家庭情况对于医疗转衔是否顺利也有影响。比如，如果家里不止一个特殊需要孩子，那么可以考虑同时转到成人医疗，尽管这意味着小一点的孩子可能还不到年龄。有的家长正是上有老下有小的年纪，孩子处在转衔阶段需要支持，老人上了年纪需要照顾，这种情况就可能需要"外援"，以便照顾到所有人的健康需求。

无论如何，我们的目标是在成人医疗体系中，找到至少一位孩子可以信任的、能够长期对接的医疗专业人员。再就是他能和孩子就健康相关事务偶尔聊上几句，并且保持气氛友好，那就算是成功了。

## 拾贝·宝典

### 转到成人医疗之前

- 就孩子主要的医疗问题写一份书面总结，交给准备接手的医疗专业人员，同时请之前对接的儿科医生在转诊介绍信里也写一个总结。
- 跟孩子谈谈，与新医生打交道时应该怎么做，以积极的态度告诉他新的医疗体系与之前相比会有哪些变化，提前演练一下医生可能会问到的问题、如何回答。孩子可能不想把和医生讨论的事情事无巨细地说出来，家长对此要表示认可，鼓励孩子记下医生的建议以及下次约诊的时间。
- 请之前的儿科医生推荐一位（或几位）能够接手的医生，告诉家长转诊程序是什么样的、在医疗方面可能需要做出哪些变化，请他把之前的医疗记录提交过去，并且在转诊之前尽量不要调整用药。
- 尽量找一位个案经理来协调长期的医疗事务。

## 转到成人医疗之后

- 要做好心理准备，成人医疗专业人员可能主要面向的是患者本人，针对诊断本身以及当前问题，对于患者家庭、生活环境以及之前的发育发展情况不太关注。
- 如果要向准备接手的医生介绍孩子的医疗情况，最好的方式是什么？分析一下，是写书面材料交给他好，还是面诊的时候直接说好。做好思想准备，向医生介绍有关孤独症的知识以及之前比较有效的医疗方案。
- 坚持不懈地寻找能够提供帮助的一线医疗专业人员或者医疗方案。
- 如果孩子处于"三不管"的地带，那就设法唤起医生"以患者为中心"的初心。向他们说明孩子的状况和需求都比较特别，态度一定要友好。

## 始终做到

- 要注意让孩子的营养状况保持良好，养成良好的睡眠习惯，定期进行体育锻炼，坚持按照医嘱服药，避免长期性的健康问题。鼓励孩子养成好习惯，同时尊重孩子越来越强烈的自主意识。
- 鼓励孩子至少养成一种良好的心理健康习惯。

# 第 7 章
## 提高社会适应性

大部分孤独症孩子到了青春期后期、快要步入成年的时候，都会深刻地意识到自己和其他普通同龄人是不一样的。他们在青春期初期的时候就开始意识到这种差别，随着高中毕业接触的人越来越多，这种意识越发清晰。尤其是如果之前上的是特殊教育学校或者是针对孤独症孩子设立的特殊教育班级，这种感觉可能更为明显。很多人不了解孤独症谱系障碍到底是什么，更别说怎么帮助这样的人、让他们更好地发展了。出于对未知的恐惧，他们会躲避孤独症孩子，或者对他们视而不见，而孤独症孩子即便是有社交技能缺陷，也能感觉出来自己受到了排斥。在孤独症孩子中，考不上大学的主要原因之一就是社交问题，而且有研究表明，这个问题比学业问题更让人痛苦压抑（Jackson et al., 2018）。

在这个年龄段，高功能或者比较敏锐的孩子可能也会意识到自己在家庭中的角色是不一样的。兄弟姐妹或结婚或搬走，经济上也独立了，只有自己还待在家里，交往的人没几个，可做的事也没多少。而家长呢，邻居们到了这个岁数都已经退休，游山玩水去了，自己只能守在家里照顾孤独症孩子。头一次，孤独症孩子催着您出去过过夜生活："我不想成为你的负担。"这种话听起来真是让人心碎。

不过，确实也有孤独症孩子慢慢确立了积极的自我认同，尤其当他们欣然接受了自己与常态人群的不同后。比如，他们可能会和某些互助组织里其他孤独症年轻人建立联系。不管是面对面的也好，还是在线的也好，在这种互助组织里，做个"阿斯"①是很正常的事。除了找到共同的精神世界，这些年轻人还会互相交流意见建议，讨论怎么应对普通人世界里的方方面面。如果您家孩子对这样的互助组织感兴趣，要鼓励他们。

不过，也有很多孤独症孩子觉得自己不属于任何特定群体，还有很多孩子仍然在普通人的世界里苦苦挣扎，想要找到自己的一席之地。如果您的孩子也是其中之一，作为家长，应该怎么辅助他们在社交方面健康发展呢？另外，怎么才能保证他们不会被不怀好意的人所伤害，或者因为不恰当的行为无意中卷入法律纠纷呢？什么是恰当的成人社交行为，什么是恋爱约会和亲密关系，在这些方面家长要怎样做好教练呢？

本章的目的就是回答这些问题。首先要讨论的是，有哪些不同类型的关系是孩子必须学会把握的，以及有助于处理这些关系的一些基本原则。如果孩子拒绝家长的指导，或者学了这些以后在社交方面还是屡屡受挫，那就可能需要接受专门为孤独症成人设计的更为密集的社交技能训练。可以咨询家庭医生或者个案经理，看他们是否能够推荐这样的专业人员。

## 形形色色的社会关系

生活中，我们每天都与形形色色的人互动，但常常意识不到我们在与人互动：从擦肩而过的陌生人到开杂货店的老板，再到一些职员，还有认识的人、朋友和爱人。跟不同的人打交道有不同的方式，这些方式之间有着微妙差别，社交礼仪的规则也非常复杂。近些年又多了线上社交互动，就更复杂了。也难怪孤独症谱系障碍人士常常觉得社交世界实在让人崩溃了。

家长想要了解如何帮助孩子厘清这一系列复杂问题的时候，常常会看到各种各样的建议。背诵社交规则，练习针对不同社会关系设计的各种社交脚本，做各种社交提示卡来指导孩子如何与不同的人互动，这些办法都曾经有人推荐过（Attwood, 2008; Ozonoff et al., 2002）。除此之外，还有些书，也是

---

① 译注：阿斯（Aspy），阿斯伯格综合征的昵称。

专门讲如何处理某种特定关系的，比如雷米（Ramey & Ramey, 2008）和乌兰坎普（Uhlenkamp, 2009）都曾经写过孤独症青少年成人如何谈恋爱的书。以我自己与孤独症孩子打交道的经验来说，我觉得对社会关系进行分类对他们有帮助。这个分类的依据是关系远近程度以及对方地位高低，可以判断是同侪关系（也就是说地位相当）还是权威人士（也就是说比自己地位高）。表7.1中列出了各种分类及其例子。

表 7.1 不同类型的社会关系

|  | 很亲近 | 较亲近 | 有点远 | 很远 |
| --- | --- | --- | --- | --- |
| 权威人士 | 父母 | 导师、教练、喜欢的老师、治疗师 | 校长、工作单位上级领导、医生、叔叔阿姨 | 法官、警官、工作单位总经理 |
| 地位相当 | 另一半、最好的朋友 | 朋友、兄弟姐妹 | 同学、表亲、同事 | 商店店员、公交车上的陌生人、图书馆工作人员 |

社会关系类型不同，在某种特定的社交情境中与其打交道应采取的最佳方式也有不同。与权威人士打交道的时候，尤其关系还很远或者有点远的，比如法官或者校长，应该遵守某些规则，以示服从或尊重。举个例子，按照有些规则，称呼对方的时候加上"先生"或者"女士"，就比不加要显得更为尊重。回答对方问题的时候要简洁诚实，不要啰嗦、不要评论、不要解释，这一点也很重要。关系很远的权威人士和朋友不一样，一般来说，他们会觉得听取不必要的信息就是浪费时间。在这方面，关系比较近的权威人士，比如父母或者导师一般就比较宽容，有时候他们还会觉得额外的信息很有趣或者很有用。但是，有些孤独症孩子常常说起某些话题就没完没了。他们必须明白，如果权威人士——即便是关系很近的权威人士——让他们不要再说了，他们就不应该再说下去了。与权威人士打交道的这些规则对于线上沟通也同样适用。举个例子，给单位部门经理发电子邮件的时候带上很可爱的表情符号，这就不是很合适。

和同龄人打交道最好的方式是什么？这取决于关系远近程度。阿特伍德博士（2008）曾经提出过一种方法叫作"朋友档案"，就是针对关系较近的人设计一套索引卡，每张卡对应一个朋友或者可能成为朋友的人。这些卡片孩子可以和治疗师一起做，也可以和家长等关心孩子的成人一起做。在卡上列出这个人的兴趣、能力和特质。孤独症孩子与这个人互动的时候，可以参考卡片上的信息选择合适的活动和话题。"朋友档案"可以帮助孩子学习换位思考，以及如何交到朋友、增进友谊。

对于地位和自己相当、关系比较远或者很远的人，可以练习面对面或者电话互动的社交脚本。这种关系对于孤独症孩子来说不是很好把握，因为他们可能压根就不觉得这是一种"关系"。对于这些人中的大多数，我们只是在需要的时候为了某种目的才和他们发生了某些互动，和他们打交道的时候我们更关注的是目的而不是人，孤独症谱系障碍人士尤其如此。举个例子，谱系人士可能不太容易明白，与这样的人互动的时候也要先说一声"嗨，你好"，即便我们其实并不打算跟对方聊他到底过得好不好。还有一个在孤独症人士中比较常见的"失礼"行为，就是在互动最后忘记道谢。

有些比较腼腆的孤独症孩子可能还需要练习，提出要求的时候声音要洪亮、吐字要清楚，问别人问题的时候不要犹犹豫豫、拖泥带水的。比如，说"我想知道……"常常比"你可以帮我……吗"要有效得多。被问到意料之外的问题时会发呆，这种情况在孤独症孩子当中也很普遍。在这种情况下，回答"我需要想一会儿"或者"我得查一下，一会儿给您答复"都是比较合情合理的，值得练习。前面那个回答，在面试或者其他时间较长的互动中是比较合适的。后面这个回答更适合时间较短的互动，孩子可以中断一下，打电话给家长或者朋友问问清楚，之后再恢复互动。对于孤独症孩子来说，把对方的回复写下来也是很重要的，因为与人互动可能会让他们焦虑，进而影响他们的记忆力，记不住别人到底说了什么。

接下来我们看一个案例，这是一个很常见的与"关系较远、地位相当的人"对话的脚本：和医生办公室负责前台接待的工作人员预约面诊。括号里的内容是在解释为什么要这样说。

▶ 前台：您好，史密斯医生办公室。

孩子：嗨，您好。（以友好的语气开始对话）

前台：你好，有什么需要帮忙的？

孩子：我要预约个检查。（提出要求，不犹豫、不迟疑）

前台：您是定期复诊的吗？

孩子：不是，是埃利斯医生给我转过来的，听说需要预约。（这段话对于很多孤独症孩子来说可能有点难，但是在说了"不是"之后需要清楚利落地解释一下）

前台：您的名字？我要查查转诊单。

孩子：阿特·杰斐逊。

前台：找到了。我看一下……要在一个月内接诊，她两周以后的星期二上午11点有空。这个时间可以吗？

孩子：我星期二要上班，星期五可以吗？（提议换一个时间，这是很重要的，但是对大部分孤独症孩子来说，不会自然而然就想到这些）

前台：嗯，那三周以后，星期五，也就是22号，下午2点。

孩子：行，我可以，谢谢您。（回答清楚而有礼貌）

前台：还有其他事情吗？（不是所有的前台都会这么问，因此，挂断电话之前如果还有其他事情要问时应该怎么办，这一点孩子可能也需要练习）

孩子：哦……我坐公交去，我在东边，你们诊所在什么位置？（说明乘车方向，可以让对方更容易给出明确的指令，但是孤独症孩子也不会自然而然就想到这些，因为这需要换位思考）

前台：在树德街下车，红绿灯那里过马路。拐弯那里有个医疗大楼，302室。

孩子：谢谢。到时见。（比起简单说声"再见"，热情地说声"到时见"听起来更亲切，能让对方更加愿意回应）

前台：祝你愉快，阿特。

（最后提醒一点：记得把时间和路程指令写下来！）

不管是用哪种方法，背诵规则也好，练习脚本也好，还是使用提示卡，或者兼而有之，所有这些技能，只有定期演练和应用，才会达到最好水平。如果不能把这些理念融入日常生活，那么社交技能训练的效果也是有限的。事实上，如果您能想到向治疗师或者社交技能教练提出这样的问题："您怎么保证我家孩子出了您的办公室，在日常生活中也能使用您教的这些技能呢？"那就再好不过了。然后您就会想方设法保证让孩子定期练习学过的那些东西。

也许您还需要指导孩子，如果碰上不是完全符合表 7.1 中分类的人应该怎么做，以及这些规则的例外情况的话是什么。举个例子，如果孩子有个叔叔是警官，孩子很喜欢他，这就成了"关系比较近的权威人士"，跟导师的情况很相似。在这种情况下，因为他是警官就把他当作"关系比较远的权威人士"来应对（比如，回答他的问题时，只简单生硬地说"是，警官"或者"不是，警官"），就不合适了。同样，面试的时候，虽然对方算是"关系很远的权威人士"，但是因为他将来有可能成为你的老板，所以态度就要比规则里要求的稍微亲切一点。另一方面，机动车管理局的职员，虽然按照身份来说不算什么权威人士，但是她有权吊销你的驾照或者不给批驾照，所以就要按照对待权威人士那样恭敬尊重。

保持距离有时候也是一个模糊区域。比如，教会里比较年长的教友可能会把您家孩子当成自己孙辈儿一样，但是孩子可能只把她当成一位关系有点远的权威人士。礼拜日早上，两个人碰面打招呼，孩子可能只是草草说一声"嗨，您好"，可是这位教友可能希望来一个拥抱。还有些人，看起来很亲近，但实际上并不一定可靠。比如，孩子的朋友暑期打短工，要做上门推销，那么她来到您家的时候，就不是作为一个朋友，而是一个推销员。仅仅因为她是朋友就买她推销的东西，这种做法不一定明智。多多地练习，再加上家长的一点点指导，孩子会对各种各样的关系以及社交场合越来越有把握。

## 如何帮助孩子与高中时代的朋友保持联系？

我问过我儿子，如果可以再回到高中时代，有没有什么事是他希望自己当时能学会或者做好的，他的回答是"跟更多的人要电话号码"。转衔过渡这个过程中有那么多事可说，但是他却只说了这件事，足以说明这件事对他的重要性。在局外人看来，孤独症孩子在高中时代的友谊要么脆弱，要么肤浅，但是年轻人自己显然非常珍视这些。所以，要尽量把这段友谊保持下去！

您可能想尊重孩子的自主权，所以觉得孩子应该自己做到这些——对于普通孩子来说，这种想法可能是合理的。但是，孤独症谱系孩子经常需要家长的帮助，才能保证让这种社交联系保持下去。

和他们聊聊要怎么做才能和朋友保持联系。大部分孤独症孩子在进入转衔期之前，都了解过或者学习过如何交朋友。但是，他们可能会觉得一朝成朋友，一生是朋友，就算联系很少也没关系。比如，孩子可能请了十个人参加生日聚会，把这十个人都当作自己的朋友，但其实在其他时间里跟其中八个从来都不联系。

鼓励孩子存好高中时代朋友的电话号码，这样毕业以后依然可以保持联系。如果已经毕业，那就看看能不能从原来老师那里要到这些朋友的电话。有些时候，出于保密原因，这样做是不允许的。不过，做过特教的老师一般都了解自己的学生，也了解学生之间的友谊，会帮助他们以恰当的方式联络彼此，比如找个饭店给当初参加特教学习的孩子们组织一个"班级聚会"。您可以看看自己是否可以帮忙组织这样的活动，方便他们再续友情。

已经是朋友的，也要时不时地打个电话、发个信息，这些都有助于保持友谊，不过一般来说还是需要一些面对面的交流。共同的兴趣爱好，比如喜欢的游戏、喜欢的电影类型，都可以成为交流的话题中心。如果孩子不愿意主动进行这样的交流，那就列个好友名单，鼓励他联系名单上的人，一周活动一次。因为每周都是不同的朋友，可能需要一两个月才会轮到一遍。大部分孤独症孩子不会觉得"一周一次"有多碍事，尤其是如果家长能在固定时间提醒他，而且还主动帮助他安排前几次活动的话。提醒孩子，和朋友在一起的时候，听听朋友的心里话，也谈谈自己的心里话，而且至少一半时间里要让朋友做主选择一起干什么。

别忘了，导师也是可以列在"朋友名单"里的，比如孩子喜欢的老师、教练，或者其他信任的大人（详情请参见本书第3章）。这样可以保证孩子能够定期和他们交流。不一样的是，和导师的联系可以是一对一的，而且有些承担这种角色的大人也欢迎孩子在需要的时候，去拜访他们或者打电话给他们。

如果孩子对"最好的朋友"一无所知，只知道上次他们一起聊了一部电影，人家对那部电影有什么看法，那该怎么办呢？只要友谊还在继续，孩子自己也很满意，那就不用担心。在别人看来，这种友谊好像有点过于淡漠或者太过理性，但是很多孤独症谱系障碍人士还都挺喜欢的。他们可能相处一两年以后才谈到有关个人的事情，有的甚至永远都不会谈到这些。但是不管怎样，他们有社交、很开心，还能互相支持，这些好处都是实实在在的。孩子和朋友或者团体一起外出，也会有助于培养他的独立性，让他的生活更加结构化，也让家长得以喘息。唯一需要注意的是，要观察孩子有没有被同龄人欺负的迹象，本章稍后会讨论这一话题。

除此之外，孩子已经参加的活动里，要鼓励他继续的话，至少要有一项是有同龄人参加的活动。观察一下孩子喜欢的团体或者活动中有没有朋友在里面，这样他们就可以一起去。基于共同兴趣爱好的团体或者活动是比较理想的，因为这样才会对孩子有吸引力，而且更加接近常态群体。毕竟结成这种团体的重点在于共同的兴趣爱好，而不是成员的诊断。不管这个共同的兴趣爱好是什么，运动、音乐、艺术也好，信仰（比如教会的青年会）、文学（包括某种类型的漫画书）也好，或者其他无害的、愉悦身心的、打发时间的事情也好，这些都无所谓。只要孩子喜欢参加，而且感觉自己被接纳就好。这种基于共同爱好的活动还有一个好处，就是有机会交到新朋友——这一点很重要，因为不是所有高中时代的友谊都能天长地久的。孩子情绪不好的时候，团体的支持也有可能帮到他，因为他也许不是总能找到好朋友去倾诉自己的困扰。这些活动小组里的普通孩子也有可能让孤独症孩子了解不同的生活视角，促进他们对于社交世界的理解。不过，作为家长，您可能需要鼓励他们接纳不同的观点，因为有些孤独症孩子对于某些信仰或者观点非常坚持，不能变通。

## 一个好的互助组织有哪些构成要素？

除了参加集体活动，孤独症人士之间还应该互相扶持，提升自己的幸福感。因此，在很多地方，互助组织如雨后春笋般冒了出来，尤其是市中心或者靠近市中心的地方。和活动项目一样，这些互助组织也会让成员们感到快乐，他们可以学习社交，提高独立性（比如自己去互助组织参加活动，或者一起出去旅行），参加结构化活动，还有机会结交朋友、找到导师，同时让家长得以喘息。有些孤独症孩子喜欢这种互助组织，不过也有些孩子觉得没用。

那么作为家长，怎么才能知道某个互助组织对孩子是否有帮助呢？简单来说，您要做做功课，找个看起来可能比较适合自家孩子的组织去试试。

观察一下，组织的主要目的是什么、组织者是谁，还要看看自家孩子和其他成员相比程度如何。您知道孩子喜欢什么、不喜欢什么。如果孩子不喜欢跟大家围坐在一起闲聊，那么那种需要说很多话的组织可能就不适合他，就得再找其他的活动项目。有时候，有些互助组织会伪装成"培训项目"，有一些规定内容（比如学习求职技能），但是会有很多时间给大家自由讨论、合作解决问题。有些孩子喜欢这种形式，有些则不喜欢。

不同的互助组织，主导人也不一样，有的是由成员自主管理，有的则是由专业人士负责。如果自家孩子比较腼腆，这个组织又是由这些年轻人自主管理的，那么最爱发言的成员可能就会主导整个局面，其他孩子可能就会觉得不太舒服。而如果是由专业人士来主导，这种情况就不大可能发生。但是，有些孩子可能又会觉得参加这种互助组织跟在学校上课或者参加治疗课程实在太像了。另外，不同的孩子喜欢的领导风格也各不相同。

对于孤独症谱系障碍人士来说，互助组织这种形式最难的地方在于，谱系人士是什么样的都有，彼此之间程度差别很大。因此，常常很难找到一个完全符合孩子发育发展水平的组织。他们可能因为觉得没意思（如果小组其他成员程度都比较一般），或者因为能力不足跟不上大家的讨论（如果小组其他成员程度比较高），就慢慢退出了。另外，由于孤独症孩子的社交技能不足，所以他们在一起的时候并不是总能融洽相处的。有些人更喜欢和普通同龄人互动，因为后者在社交方面更为擅长或者适应性更强。家长可以问问自家孩子在这方面有什么偏好没有。

知道了孩子的偏好，而且对上面提到的可能出现的问题也有预估之后，您就可以提前准备好要问小组负责人哪些问题。除此之外，还可以问一下他们这个项目有多少人申请加入，小组需要多少人。如果想要加入的人很多很多，那么孩子到底是不是适合这个项目，你也许更容易听到一个真实的答案。但如果他们急于招人进去，那可能就不太容易说实话了。最后还要强调一点，跟前面几点同样重要——家长一定要让孩子本人参与讨论，让他们去实地感受一下这个小组的环境氛围。这样的话如果有任何可能让他不舒服的地方，就能提前发现。比如，如果周围噪声很大，或者消毒水味道很浓，那么有些孤独症孩子可能就不想参与小组活动了。

## 孩子加入网络"社区"，家长应该如何应对？

很多年轻人在网上有着非常广泛的社交联系。孤独症孩子因为觉得面对面交流会让人发蒙或者害怕，可能比大多数人更容易被这种互动形式所吸引。社交网络、常常在一起打网络游戏的人、约会网站、一起上网课的人、同一个博主的粉丝等，这些都可以称作网络社区。

与大多数年轻人一样，孤独症孩子也会参加其中一些活动，对这种情况，您可能会平静地接受，也可能会害怕将来会不会出事。客观地说，在网络世界尝试某种新的活动和在现实世界里其实是差不多的：都可能有风险，也都可能有好处。作为家长，不管是风险还是好处，自然都需要留意。

**网络社区的好处包括：**

- 可以与别人有一些社交联系，或者得到一些支持，但又不必面对外面那个纷纷扰扰、让人害怕的世界。
- 孤独症孩子的兴趣爱好往往很特别、很古怪，通过网络他们可以和全世界范围内与自己爱好相同的人联络。
- 可以一起玩游戏、一起娱乐，如果没有网络，这些活动根本无法实现。
- 可以了解学校里学不到的东西：新想法、新观点、新角度。
- 有些专注孤独症内容的网站能够让有些孤独症孩子产生归属感。

**网络社区的风险包括：**

- 接触到误导性的消息，因为有些网络资源可能会脱离监管。
- 社交技能的提高不如面对面交流那么快。
- 网上交流的双方关系升温迅速，但其实彼此并不真正了解，或者了解的信息不够准确。
- 在网上发布或者搜索的内容被误读（比如，发布内容是"考试考砸了，心态炸了"，却可能因此上了恐怖分子监控名单，因为"炸"这个字被很多安全机构标记为敏感词）。
- 被某些邪恶的/极端的人或者组织缠上。
- 有些内容涉及性，在网上发布时是应该有对象限制的，但是有时这些内容会突破这些限制被随意发布，或者被用来勒索。

上述这些好处与风险并不是全部，因为网络交流的形式还在不断更新。家长应该努力与时俱进，但是如果对某种活动不是太有把握，可以请孩子解释一下。您不需要对互联网的方方面面都了如指掌，但是应该知道互联网是怎么影响自家孩子的。

一个原则就是：孩子上网探索也好，尝试独立也好，家长对此应该采取一样的态度。刚开始的时候密切关注，鼓励孩子不管是什么情况，只要感到害怕或者紧张就向家长求助。随着孩子在处理线上活动和在线交流方面越来越有把握，家长可以慢慢放手。

## 孤独症青年约会需要哪些建议？

很多家长都觉得很难开口跟孩子讨论有关约会和性方面的事，孤独症谱系障碍更是让这件事难上加难。和孤独症青少年讨论这种事的时候，除了性教育的常见话题之外，还需要包括更多的细节性问题。比如在某个地方尤其是公开场合，哪些行为是符合社交规范的，哪些行为是不符合社交行为规范的。从在学校来月经了怎么保证卫生，到在公共场合勃起了如何保持坐姿，所有这些都要事无巨细地解释。对话中涉及性的时候尤其需要注意，因为孤独症孩子可能意识不到，在工作中或者学校里谈论这种话题是不合适的。同样，很多孤独症孩子也理解不了一些笑话里面的性暗示，这可能导致他们在不适当的场合反复讲这些笑话。对于各种亲密行为，如果表示同意，本质上意味着什么，这一点需要向他们明确解释清楚——既是为了预防他们受到伤害，也是为了预防他们无意识地冒犯别人。

您可能已经注意到了，我前面提到"讨论"这个词的时候用的都是复数①。我是有意这么说的，因为一般来说仅靠一次"正儿八经的谈话"，是不会有很理想的教育效果的，他们很快就会忘到脑后了。对待性这个课题，要像对待发育发展方面的所有新课题一样：第一，把这个话题常态化，因为这是所有年轻人都关注的事情；第二，未雨绸缪，为未来的发展提供基本的指导原则；第三，随着时间的推移，自然会出现新问题、新思考，对这些新问题、新思考要保持倾听的姿态。态度要温和，对孩子所说的话要表示很感兴趣，除非危险迫在眉睫，否则尽量不要评价是非对错。

另外，还要做好思想准备，与孩子探讨有关性取向和性别认同的话题。

---

① 译注：英文名词复数表示不止一次。

孤独症青少年当中，不喜欢自己的性别或者不认同自己出生性别的现象比普通孩子中更为常见，有时候还与性取向有关（George & Stokes, 2018）。如果孩子对自己的性别认同或者性取向产生怀疑，家长要仔细倾听，还要注意观察这些感受对他们的自尊自信和整体幸福感造成了多大的影响。如果孩子一再被这些感受所困扰，那就要请心理健康专业人士介入。如果孩子没有感到困扰，那就尽量支持他们的选择，接受他们的新性别以及性身份。

在亲密关系中，孤独症人士往往非常诚实、忠贞，但是他们可能会觉得这种情感体验实在让人摸不着头脑，不值得那么费心费力，或者可能会因为感情亲密而备感煎熬。有些人在兴趣爱好上投入了太多的时间，以至于影响到正常生活，尤其是当没法和另一半在这个问题上协商一致的时候，也会影响亲密关系。跟另一半联系多少算多、发多少信息合适，如何把握两个人在公共场合的行为尺度，如何对待对方的亲朋好友，要判断这些，更是难上加难。帮助孩子就这些议题制订一些规则，或者让他按照阿特伍德博士推荐的"朋友档案"分析一下，自己的另一半属于哪个范畴（前文详细解释过）。

举个例子，回想一下本书第 2 章提到的亨利第一次和"未来的女朋友"去看电影时发生的事。亨利之前没有约会经验，不过那个女生之前谈过好几年恋爱。亨利对她说"我不想发展太快了"的时候，她还挺高兴的，因为她前男友就有点太急了。但是，第一次约会看电影的时候，亨利只是直挺挺地坐在女孩旁边，连人家的手都没拉一下。女生就有点恼火了："你对我没感觉吗？"亨利有点蒙，因为他之前说过"不想发展太快了"，他以为对方能明白这句话的意思是他不会很快地表露自己的感情。而且，他完全被电影吸引住了，根本没注意到女生在旁边坐立不安的样子。亨利和治疗师谈过之后意识到，自己应该道歉，应该更明确地说一下"不想发展太快了"这句话到底是什么意思，还应该有意关注一下女生，即便电影确实很好看。围绕这些议题，他又制订了一些规则，之后的第二次约会就开心多了。

本章篇幅有限，难以全面彻底地讨论孤独症谱系障碍人士的约会和性这个话题，所以多阅读些这方面的资料可能会有帮助。亨诺（Henault，2005）

有一本书是关于阿斯伯格综合征人士的性议题的，对于家长来说是很好的资源。乌兰坎普写了一本书，对十几岁的孤独症谱系障碍孩子很有帮助。除此之外，还有一些书是专门讨论孤独症谱系成人约会的，比如由两位雷米合著的《孤独症人士约会指南》（*Autistics' Guide to Dating*）。

## 如何保护孩子不受伤害？

孤独症孩子可能在高中的时候就遭遇过嘲笑和霸凌，但愿家长有帮助他们走过那段艰难岁月。在转衔过渡阶段，这种情况可能还会延续，但是常常不像小时候那么明显。家长之前可能教过孩子如何避险、反欺凌等，这些策略依然有效，但是在这个阶段更加需要警惕的是，在经济上被人利用或者在网上惹下麻烦（前面已经讨论过）。

为了减少经济风险，一般来说，刚开始的时候不能一下子就让孤独症谱系障碍孩子自己管太多的钱。可以等过一段时间后，孩子有了一些经验和判断力之后，再让他管多一点的数额。尤其要注意的是，在他有能力管好现金和借记卡、能够自己管账花钱之前，不要给他信用卡。如果在遗嘱中给孩子留下一大笔钱，可以考虑做信托（详情请参见本书第9章），以免他们碰上骗子和钓大款的人（就是那些为了钱跟人交往或者结婚的人），受到伤害。

另外，还要告诉孩子一个办法，如何识别一个想要你钱的人是不是值得信任呢？很简单，问问自己这个互动是谁主动发起的。举个例子，如果我在五金店问个我想买的东西，相信大多数情况下我能得到诚实的回答，因为这个互动是我主动发起的。可是，如果有个人来到我家门口想要卖给我这件东西，我就不太相信自己能得到准确的信息，因为这个互动是对方主动发起的。来到家门口的这个人是在想方设法说服我买这个东西，而我可能并不需要；而店里的人是在帮我找到或者了解这件东西，这是我本来就决定要买的。简而言之，带着卖东西的目的接近你的人很少会把你的利益放在心上。

要避免陷入这些骗局，还有其他一些简单的原则可以参考，包括：

- 不要买电话推销或者上门推销的东西。让对方把商品信息邮过来，这样就可以有时间详细看。
- 不要因为什么"限时特卖"就在仓促之间决定，不管是现场还是在线买东西都一样。可以这样说"我得想想，明天再说"或者说"我要考虑考虑"。真是想买的话，明天也能买。
- 如果不确定这笔买卖是不是合法，那就请对方留下联系信息，回头再联系。如果对方不肯提供联系信息，那就是非法的，挂断电话。
- 如果觉得受到了威胁或者有压力，不管是现场还是线上，立刻终止互动（关上门、挂断电话、关机或者重启电子设备），并且向家长或者其他信任的大人求助。
- 如果有笔买卖听起来特别好，好得不像真的，那就多半不是真的。
- 不要把个人信息或者银行信息交给任何人，除非家长同意。
- 不要把个人信息或者银行信息直接扔到垃圾桶里，应该撕碎，以免身份信息被人盗用。
- 在没有事先和家长或者其他信任的大人商量的情况下，不要把大笔款项借给朋友或者捐给慈善项目（注意：家长要跟孩子明确借出或者给出多少钱是可以的），上一笔贷款没有还清之前一定不要再贷第二笔。真正的朋友不会利用你的慷慨。

最重要的是，就这些问题和孩子保持开放对话。要让孩子觉得这些困难都是正常的、是生活的常态。告诉孩子，理财管账对于所有人来说都不是一件容易的事，真希望自己年轻的时候也有人帮忙，这样就不会在这方面走弯路了。之后告诉孩子，不管什么时候，只要是对某项交易不太拿得准，家长随时都会帮忙。可以提议向银行工作人员或者财务顾问咨询更多信息。要向孩子传递这样的信息：无论发生什么，您都不会生气。但是，您会竭尽全力保护他的利益，帮助他从经验中学习，以确保他随着时间推移慢慢学会更有效、更独立地管理自己的财产。

## 如何避免孩子惹上官司？

对于孤独症孩子家长来说，如果孩子被逮捕，那应该是最可怕的噩梦了，所以得好好想想如何预防这样的事情发生。

孤独症孩子比别人更容易遭遇法律问题，特别是十几岁表现出攻击性行为或者冲动行为时，这种可能性就更大。出现这样的行为，再加上社交方面的不成熟，麻烦随之而来。孤独症孩子可能遇到一点点挑衅就会情绪失控，也可能被同龄伙伴胁迫去做一些违法的事情，或者因为生活环境发生一些变化就表现出极端行为。还有些孩子的一些行为也许本身是无害的，但是却遭到了他人的误解。孤独症谱系障碍孩子出现不当行为的时候，很有可能会被抓现行，特别是如果他们的智力处在平均水平之下的话，这种可能性就更大（注意：研究发现，罪犯的智力水平一贯低于普通人群水平）。

绝大部分孤独症孩子没有被逮捕过，并且随着时间推移社会适应性也越来越好，但是确实也有一些人惹上了麻烦。尽早对问题行为进行心理健康评估，可以预防这种事情的发生。另外，家长要尽量根据孩子的社会判断力来调整对他们的监管力度。如果孩子表现出良好的社会判断力，就可以放松一下监管。反之，就要加强监管。

我执业的时候遇到过几起孤独症孩子惹上麻烦的案例，一起分析一下。

### 阿曼德

阿曼德对自己单位那帮同事实在太信任了。那些人利用了这种信任，让他去偷另一位同事的东西，以证明他对"组织"的忠诚。不幸的是，那个同事当场抓住了他，他非常恐慌，打了人家，所以被以伤害罪起诉了。后来，他同意去接受技能培训，学习如何处理同侪关系、如何进行情绪管理，才得以减刑。

## 胡里奥

胡里奥曾经遭受过严重的霸凌,所以现在总觉得人心险恶。他上的是特教班,班上其他孤独症谱系孩子说话常常不太注意,虽然没什么恶意,但是也不是很恰当。胡里奥认为这些话是对他的人身攻击和威胁恐吓,所以经常在课堂上爆发。后来他开始服用治疗妄想症的药物,并且转到了普通班级,班上的同学在社交方面都比较得体,慢慢地他的攻击性也没那么强了。

## 卡西

卡西(本书第 6 章曾经提到过这个孩子)对收集宝可梦卡牌非常痴迷,在商店的时候没忍住,偷拿了一套。被当场抓住的时候,她试图自杀,后来被诊断为抑郁。她服用了抗抑郁药物,接受了心理治疗,抑郁和强迫倾向都逐渐有所改善。

## 贾斯敏

贾斯敏无口语,刚刚转到一所新学校。老师观察到她紧张的时候总是前后摇晃,还哼哼唧唧的(按老师的说法是"呻吟"),就指责她在公共场合自慰,还吓唬她说不让她上学了。学校的心理医生介入之后,给她找了一间安静的房间,让她再感到紧张的时候去那里,进行她的自我安抚行为(不管是自慰也好,还是其他什么行为也好)。发现了压力的来源,就能最大限度地减少这种情况。最后,一位做咨询的作业治疗师设计了一间感官教室,只要是自我安抚的方法有点特别的学生,都可以使用。

在上述案例中值得注意的是,只有搞清楚孩子行为的根源,才能找到个性化的解决方案。如果能够马上安排心理健康专业人士为他们进行评估,发现这些根源,那么这些行为就可以得到处理,不会升级恶化。这些案例证实了，服用药物、接受各种各样的干预疗法、对环境做出调整，或者上述方法一起使用，都能有助于遏制那些不可接受的行为，避免出现严重后果。

因此，如果孩子表现出相关行为，就要进行心理健康评估以便确定需要采取什么样的干预措施。如果这种行为在高中毕业之后依然延续，干预也没有效果，那就要考虑加强监管。在社交方面非常幼稚的孩子，常常容易被同龄人哄骗着参与违法行为，或者被诱骗成为性剥削的对象。在智商低于平均水平的人群中，即使接受了干预，这种情况也不会有太大改善。但是，家长只要不断引导、持续监管，仍然可以保护孩子不走弯路。

总体来看，对于孤独症谱系障碍人士来说，成人的社交世界虽然有风险、很复杂，但还是有很多有意义的事情。他们中大多数人都很愿意不断学习这个世界的规则和要求，虽然这些规则和要求在我们看来好像理所当然。那些在社交方面比较成功的孩子也曾说过，当他们终于有了归属感的时候，还是很有成就感的。下一章要讲的是，如何辅助孩子在这个领域和其他发展领域取得成功，以及作为家长如何找到自己的支持资源。

## 拾贝 · 宝典

### 高中毕业之前

- 通过背诵规则、演练脚本、建立"朋友档案"等方法，帮助孩子理解：对于不同的关系类型，恰当行为的定义也有所不同。
- 鼓励孩子记下朋友和同学的电话号码，以便高中毕业之后依然可以保持联系。
- 设法找一位能够担当转衔过渡阶段人生导师角色的成年人。
- 考察一下本地专门针对孤独症谱系障碍青年的互助组织，看看有没有特别适合自家孩子的。
- 密切关注孩子的线上活动，鼓励孩子在觉得受到威胁或者感到紧张

- 的时候向家长求助，随着孩子在这方面的判断力逐渐提高，可以慢慢放松监管。
- 谈及约会、性这样的话题，尤其是说到什么是符合社会规范的行为、什么是不符合社会规范的行为时，要和孩子保持开放对话，不要武断地评价是非对错；关于性别认同和性取向，有任何想法都可以谈。
- 帮助孩子制订适用于约会场合的规则和"朋友档案"。
- 谈及理财管账、避免在经济上被人利用这些话题的时候，也要和孩子保持开放对话，不要武断地评价是非对错。
- 刚开始的时候，让孩子在家长监管下管理少量的钱，随着孩子在这方面的判断力不断提高，可以逐渐放松监管、增加金额。
- 如果家长担心孩子的行为可能会造成严重后果，就要设法安排心理健康评估，以便确定最好的干预方案。

## 高中毕业之后

- 让孩子每周至少联系一位朋友或者导师，安排一次活动。
- 让孩子定期参加至少一项有同龄人参加的活动。
- 对那种面向孤独症谱系障碍成人的互助组织，只要是适合孩子的，都要持续跟进。
- 有关约会、性、经济事务以及线上活动等方面的事情，和孩子保持开放性对话，逐渐提高他们的独立性。
- 如果不当行为在高中毕业之后依然延续，干预也没有效果，那就考虑加强监管。

# 第 8 章

# 支持资源汇总

尽管家长在转衔过程中起着至关重要的作用,但是很少有孤独症孩子能仅仅靠家长的辅助就成功自立。专业人士、政府和非政府项目、互助组织(针对孩子的或者针对家长的)、大家族的各种亲戚、朋友、信仰社团和社区成员都可以提供帮助,在各方面帮助孩子度过这一时期。

这是一个非常重要的话题,因此,本书前五章分别讨论了孩子在各个具体方面所需要的支持。本章将对这些支持资源进行回顾,分析选择专业人士的时候需要注意什么,介绍其他一些可能对孩子有用的帮扶项目以及如何申请这些项目。但是,孩子最好的支持资源是家长,所以家长也需要支持资源!因此,本章后半部分将会介绍对家长有帮助的人、组织以及项目。

## 可以考虑的针对孩子的支持资源

在孩子发展的各个方面、各个阶段,您都可以寻求不同的专业人士、非专业人士(朋友、家人)以及各种项目的支持。表8.1列举了这些支持资源,同时还列出了在本书中的具体位置。除此之外,您可以在空白表格(表8.2)中,针对您已经获得或者想要申请的资源,在相应位置进行跟进。

表中列出的内容之多可能会让人望而生畏,不过家长也不必同时联络这里列出的所有人。先从孩子困难最大的领域开始,读一读相关章节的详细内容,看看自己是否能联系上一两项支持资源。如果有困难,那么家庭医生或

表8.1　在不同发展领域可以获得的支持资源以及相关详细内容所在章节

| 发展领域 | 可以考虑的支持资源 | 相关详细内容所在章节 |
| --- | --- | --- |
| 独立能力 | ・导师<br>・个案经理（适用于各个领域，但是尤其适用于本领域）<br>・作业治疗师<br>・社工（关于培养独立生活能力方面的） | 3, 10 |
| 教育 | ・学校联系人<br>・额外的辅导<br>・教育专家/呼吁和倡导为孤独症群体争取权益的人<br>・专门针对孤独症人士的转衔项目或者大学项目<br>・校内支持资源（比如学业辅导、特殊照顾、咨询、同伴指导项目） | 4 |
| 就业 | ・职业介绍所<br>・关系网（适用于各个领域，但是尤其适用于本领域）<br>・职业技能培训项目 | 5 |
| 身心健康 | ・儿科医生<br>・家庭医生<br>・精神科医生/心理医生（面向孩子的和面向成人的） | 6 |
| 社会性 | ・朋友/导师/家人<br>・互助/社交小组<br>・以活动为主的小组<br>・校园俱乐部或者活动 | 7 |
| 针对家长的支持资源 | ・朋友/家人<br>・个人健康/心理健康支持资源<br>・互助组织<br>・临时看护项目 | 8, 11 |
| 经济支持 | ・朋友/家人<br>・政府收入计划<br>・政府减税计划<br>・授权书/监护权<br>・遗产 | 8, 9 |

表 8.2　自家孩子在不同发展领域可以获得的支持资源

| 发展领域 | 可以考虑的支持资源 | 专门针对孩子的支持资源 |
| --- | --- | --- |
| 独立能力 | ・导师<br>・个案经理（适用于各个领域，但是尤其适用于本领域）<br>・作业治疗师<br>・社工（关于培养独立生活能力方面的） | |
| 教育 | ・学校联系人<br>・额外的辅导<br>・教育专家／呼吁和倡导为孤独症群体争取权益的人<br>・专门针对孤独症人士的转衔项目或者大学项目<br>・校内支持资源（比如学业辅导、特殊照顾、咨询、同伴指导项目） | |
| 就业 | ・职业介绍所<br>・关系网（适用于各个领域，但是尤其适用于本领域）<br>・职业技能培训项目 | |
| 身心健康 | ・儿科医生<br>・家庭医生<br>・精神科医生／心理医生（面向孩子的和面向成人的） | |
| 社会性 | ・朋友／导师／家人<br>・互助／社交小组<br>・以活动为主的小组<br>・校园俱乐部或者活动 | |
| 针对家长的支持资源 | ・朋友／家人<br>・个人健康／心理健康支持资源<br>・互助组织<br>・临时看护项目 | |
| 经济支持 | ・朋友／家人<br>・政府收入计划<br>・政府减税计划<br>・授权书／监护权<br>・遗产 | |

者孩子的个案经理也许能帮忙组织一些支持资源。

一般来说，在大城市里，针对青少年的资源比较多，对孤独症人士也会更有针对性。实际上，有些家庭搬家到这样的地方，就是为了获得最好的支持资源。但这显然是一个非常个性化的决定，受很多因素影响（比如房价多少、离工作地点远不远、离亲戚朋友远不远、是否能兼顾家里其他孩子的需要，等等），不是一个对所有人都可行的选项。

## 如何说服孩子加入？

家长推荐的支持资源，不论是人还是项目，孩子不一定买账。对这种抵触情绪要有思想准备，因为有时候孤独症孩子就是不愿意接触陌生人。与其一个劲儿地向孩子推销，还不如分析一下他的抵触情绪从何而来。也许孩子不愿意承认自己在那个领域有问题，那您就尽量把这些困难当作很平常的事，这样跟他说："很多人在这方面都不是很轻松的。"也许孩子能承认自己有问题，但是想要自己解决，那就表扬他们想要自力更生的意愿，同时把求助当作很平常的事。您也许可以给孩子讲讲自己或者另外一个很厉害的人曾经需要求助的经历。让孩子放心，求助的事没必要让人知道，因为有些孩子常常害怕小伙伴知道了以后自己会很难堪。也许孩子只是说："我还有别的事儿要干呢。"在这种情况下，先看看到底是什么"别的事儿"对他们这么重要，然后保证支持资源的时间（不管是人还是项目）都不会跟他这些事冲突。孩子会这样回应，还有一个原因可能是他们很反感接触不认识的人，不管什么人都一样。（我曾经接过一个孤独症孩子的个案，他说让他去接触不认识的人，还不如让他去做根管治疗！）如果是这种情况，可以让他回想一下以前跟陌生人接触的经历，刚开始可能确实挺难，可是发展到最后关系还挺好的。另外，不必要求孩子马上就和某个人建立稳定的关系，或者马上就加入某个项目，可以说"先试试看怎么样"，看他是否同意。要让他放心，如果试了三次他还是感觉不好的话，您肯定不会强迫他的。如果能坚持三次的话，大部分专业人士都能和客户建立融洽的关系——但愿孩子经过一两次尝试之后就能放松很多。

一旦孩子在这个领域的困难得到解决，就可以想想其他还有没有哪个领域，假如给予孩子额外的支持就可能有所帮助，比如帮助提高孩子在该领域的现有能力，或者预防可能发生的问题。之后，找找该领域有哪些额外的支持资源，如果需要可以请家庭医生或者个案经理介入。

为了了解上述程序在现实生活中的效果如何，我们来看一个案例。丹尼斯，本书第 6 章中曾经提到过这个孩子，18 岁的时候开始出现严重的进食障碍，而且无法得到治疗。在这种情况下，最迫切需要的支持显然是请一位新的、面向成人的精神科医生介入，协助办理住院。幸运的是，她的治疗师联系到了一位这样的专业人士。丹尼斯的健康状况稳定之后，家长开始考虑在另外一个领域为她联系支持资源，那就是教育。

**丹尼斯**

丹尼斯有学习障碍，住院期间又耽误了很多课，所以 12 年级（高中 3 年级）的考试没有通过。学校同意她复读一年，但同时建议她接受额外的辅导，以便保证下次顺利通过考试。

妈妈让她去见家教的时候，她说："没门儿！"妈妈想方设法让她接受请家教是件很正常的事："很多人像你落了这么多课的时候，都需要一点儿帮助才能赶上的。"

丹尼斯分辩道："詹妮弗他们家去巴厘岛玩了差不多一个月呢，回来的时候也没给她找家教啊。"

妈妈继续尝试说服她："宝贝，詹妮弗也没落下一年的课啊，我只是想保证你春天能顺利毕业。"

"我会毕业的，"丹尼斯继续反驳，"我不用家教辅导也能考过，我又不笨！"

"没人说你笨啊，"妈妈安慰道，"而且我很高兴你这么下定决心努力学习。（妈妈表扬她的自力更生）不过请个家教辅导一下，保证你的努力能有回报，这有什么不好的吗？也没必要让人知道……大家只会意外你学得这么好！"（妈妈再次让孩子放心，不会让她难堪）

"爸爸说家教很贵的。"丹尼斯继续"顽抗"，还想利用父母的"鹬蚌相争"，坐收自己的"渔翁之利"。

"丹尼斯，爸爸的事儿我来操心，"妈妈说，"而且这个钱大部分由我来付，因为我知道这钱肯定花得值。还记得吗？我们办公室换了那个新系统，把人搞得晕头转向的，我自己费了好大的工夫去学，但是请了搞人工智能的人，只花了几分钟就完全不一样了。"（妈妈想让孩子明白求助是件很平常的事）

"那我课后的舞蹈班怎么办？"丹尼斯担心道。

"咱们肯定能找个时间，不会和舞蹈课冲突的，"妈妈继续循循善诱，"你还有什么担心的吗？"（妈妈想方设法地了解孩子不想去的原因）

"没有，就是还有别的事儿要干呢。"丹尼斯依旧固执己见。"你还记得吗？咱们第一次去见新来的心理医生的时候，你觉得肯定没用，"妈妈提醒道，"可是现在你去面诊路上都是笑眯眯的。（妈妈提到了以前的事，和不认识的人见面相识，后来相处得很愉快）咱们给家教一个机会呗，看看会怎么样。"

丹尼斯问清楚"给个机会"的意思是见三次面之后，才勉强同意了。妈妈的耐心没有白费，丹尼斯喜欢这个家教，在家教的帮助下，她顺利毕业了。

## 选择专业人士的时候需要注意什么？

如果您和孩子都认为某种类型的支持资源有帮助，那么您会发现可选的专业人士或者项目可能不止一个。前面几个章节已经提到过，能够对孩子有所帮助的专业人员都有哪些特点，不过在我们讨论有帮助的项目之前还是有必要再提一下。

不管他们的专业领域是什么，这样的专业人员在能力和态度上都有一些共同点。

**能力方面包括：**

- 针对发育障碍青少年（而不是其他年龄段或者其他障碍）问题的工作经验非常丰富。
- 能够承诺在必要的情况下长期对接（而不是短期治疗、仅做咨询，或者不管是否需要都得安排长期持续的疗程；注意：这就意味着还有一两年就要退休的专业人士不是理想人选，尽管他们可能很有经验）。
- 对本地能提供帮助的联系人非常了解，和这些人一起合作过，如果需要的话，愿意帮忙联系这些人。
- 在自己的专业领域非常博学，对新疗法及其疗效都很清楚。
- 能够按照轻重缓急安排检查和干预的顺序，不至于一下子安排太多或者让孩子受不了。
- 能够合理安排面诊时间，不和孩子生活中其他重要安排（比如工作倒班时间、学校考试时间）相互冲突。
- 熟悉保密规定，了解如何与这样的个案进行对接（通常需要同意书），这样家长就可以参与讨论孩子的治疗方案。

**态度方面包括：**

- 既不会假定家长什么都知道，也不会暗示家长孤陋寡闻（比如说"你的意思是你还没做……"）。
- 以家庭为中心考虑问题（比如，如果每次孤独症孩子遭遇困难时，家长都会表现出与压力有关的躯体症状，那么专业人士就应该发现这两者可能是有关系的）。
- 每次面诊都会建议一两件可行的、有建设性的事情让孩子去做，是一两件，而不是十几件。
- 只有在绝对必要的情况下才会转诊给其他专业人士（来回换人会造成混乱，尤其对于孤独症孩子来说）。
- 关注孩子的优势，并且还能帮助他们发现自己的优势。
- 能够和孩子以及家长沟通顺畅——并不一定非得完全合拍，但是每次面诊之后，孩子应该感觉舒服，觉得自己充满能量，家长应该感觉受到了尊重，觉得自己的想法对方听进去了。

如果家长发现有具备上述大部分特点的专业人士，一定不要错过！为了追求完美，频繁地更换提供服务的专业人士，这对孤独症孩子是不利的。因为对于他们来说，换一个新人、再从头来过是非常困难的。如果家长对于这位专业人士的某项能力或者态度有所顾虑，那就跟对方提出来。如果他们和孩子相处融洽，那么也许不需要换人也可以解决以上问题。

绝大部分专业人士都对自己的工作非常投入，也很重视最大限度地保证孩子的利益，不过有时也有例外。因此，我们也需要看看，出现哪些迹象就表明这样的专业人士是不能合作的。这些迹象可能包括：

- 建议倒是提了很多，但是没有意愿或者没有能力与孩子及其家长讨论这些建议的可行性。
- 极力推荐家长和孩子使用某种产品、接受某家公司的服务（比如某家信托公司），或者去上某个学校，即便家长说了"不用，谢谢了"也还是没完没了。这位专业人士也许是从他推荐的产品、公司或者学校得到好处了。
- 仅仅基于什么证书或者其他不可靠的证据，就坚称他们的产品或者服务已经"治愈"或者大大缓解了孤独症症状。家长寻找产品和服务时，要找经过随机双盲对照实验证实有效的，而且已经经过同行评议、在期刊上发表了的。
- 主动提出帮助孩子理财或者处理家长遗产，而不提醒家长这些服务要收取多少费用。对任何有关财务的表格或者合同，家长一定要仔细阅读上面的细则。
- 贬损家长或者孩子，将干预措施无效归咎于家长或者孩子。
- 反复提醒家长自己除了这个孩子之外还有多少多少客户（他们的意思是家长的要求太多，并且经常暗示家长，自己作为专业人士，不可能或者没必要把工作做得那么全面细致）。
- 大部分时间都在说自己家有什么问题、什么事情，比讨论什么对个案有帮助的时间还长。专业人士越来越重视家庭，把家庭排在工作之前，这是挺值得尊重的，但是如果太过分了，就会影响到工作对象的利益。
- 跟家长保证说，如果家长跟他们约会，他们就会好好帮助孩子，或者对家长或孩子提出性要求。

不幸的是，这些情况并不像人们想象得那么罕见——我自己就遇到过这些情况，而且不止一次。

## 什么样的帮扶项目会对孩子有帮助？

按法律规定，很多地区都有非常多的政府或者非政府资助项目，专门针对孤独症谱系障碍青少年或者其他发育障碍人士。这些项目乍一看上去可能觉得很不错，等到仔细看申请加入项目所需的程序时，您可能就不这么觉得了。简单来说，这些程序包括：拿到这些项目的准确信息、确定孩子是否有资格申请、查查要加入某个项目需要准备什么（包括需要孩子自己独立完成的步骤）、最后还要证实这个项目确实有效。走完这些程序之后，您可能会发现，现在以自家情况来看，这一大堆项目中，可行且值得申请的忽然只剩下一两个了。但是，如果不走这些程序，就得花大量的时间查文件、打电话、找项目，结果却徒劳无功，那些项目要么没有申请资格，要么没有任何帮助。因此，我们还是得把这些程序挨个研究明白。

### 准确信息

不要指望高中的升学或者就业辅导老师能了解哪些项目适合孩子高中毕业以后去参加。这种辅导教师的工作职责是给上千个年轻人推荐继续教育项目，而这上千个人中绝大部分没有发育障碍，所以他们的信息常常是不准确的。您倒是可以问问孩子的家庭医生、个案经理（详情请参见本书第3章）或者发育障碍孩子家长互助组织（之后会详细讨论），向他们征求意见，看有没有合适的项目。发现一些合适的项目之后，您可以打电话或者请孩子的个案经理打电话给他们，看有没有申请资格。

### 申请资格

就像之前提到的罗伯特的案例（详情请参见本书第1章）一样，有些人推荐孤独症孩子参加项目的时候，常常没有考虑孩子是否真正有资格加入。有些强制性的规定，比如年龄、智商、家庭收入水平、具体诊断名称以及具体居住地点等，都有可能将孩子排除在外。如果孩子之前曾经参加过类似项目，不管是否有所收获，也可能会导致他不能再次参加同类项目。为了节省时间，家长可以打电话或者请个案经理打电话给项目负责人，确定孩子有资格参加之后，再去准备那一大堆申请文件。另外，还要注意随着孩子的发展，诊断名称和智商水平也有可能出现变化，所以尽管需要花钱，但是在申请项目的时候重新评估一下还是值得的。

### 提出申请

如果可能，所有的帮扶项目申请都应该在孩子18岁之前提出。实际上，有些针对青少年的项目还要求18岁之前重新申请一次（例如，我所在省份的残障相关税收抵免就有这一要求）。一旦孩子到了18岁这个坎儿，由于保密规定，也许您就不能或者很难代替他们申请了。如果孩子的程度很好，自己独立申请也是有可能的，但是对于大部分孤独症孩子来说，还是需要家长帮助的。

如果项目执行人拒绝与家长对话，您该如何为孩子提供帮助呢？首先，看看他们是否允许孩子签署一份同意书，授权您来代表他发言。如果不行的话，试着指导一下孩子，看他能不能自己完成大部分申请程序，同时建议他把"纸面工作"带回家来，这样您就可以帮忙了。对于有些项目，官方坚持要求孩子自己代表自己，除非家长拿到财产授权书。律师或者公证人（取决于当地法律规定）也许能帮助家长拿到这些文件，不过孩子必须能够理解授权书是什么，这样才能授权同意。如果因为孩子没有能力授权委托，家长还是拿不到授权，或者面临其他障碍，那就可能需要去法院申请监护权（Zakre, 2014）。碰到时间紧迫的情况，我认识的几个家庭曾经不得不通过技术手段规避保密规定（也就是说，以家长和孩子的名义分别开设一个电子账户，让两个账户互相授权代表对方操作），但是这种做法在大多数地方是违法的。如何为孩子做长期的财务规划，将在第9章详细讨论。

**效果评估**

针对孤独症青少年的项目，其效果如何，很少有经过随机双盲对照实验检测并经同行评议发表在期刊上的。因此，"一经出售、概不负责"这条规矩在这里还是适用的：买家自己需要多留心。首先，要看看该项目想要达成的目标是什么，同时问问参与过项目的人当中有多少人达到了这个目标。如果得到的回答比较含糊，那么该项目可能就不是那么有效。其次，想想该项目有没有什么潜在的、隐性的益处。举个例子，如果孩子找工作已经好几个月了还没找到，生活规律和社交联系都受到了影响，那么让他们报名参加一个结构化的项目还是合理的。即便项目达不到他们声称的目标，也至少能让孩子按时起床、定期社交。让孩子恢复生活规律，有了这一项好处，则项目到底有没有效就不用那么在意了。

## 政府如何提供帮助？

除了来自亲朋好友的经济支持，家长和孩子还可以申请政府的残障人士帮扶计划。地区不同，法律规定也不一样，但是有两个大原则是普遍适用的：孩子可以申请收入补助计划，家长可以申请减税计划。您可以向个案经理、会计人员或者财务顾问咨询本地有没有这两类计划。政府有关税收或者社会服务的网站也能提供一些信息。

比如，我所在的省（安大略省）有个项目叫作安大略残障人士帮扶计划，被诊断为残障的成年人，如果收入低于一定的标准，就可以得到适当的收入补贴。如果找到了工作，补贴就会收回（也就是说从补贴中扣除与工作收入相当的数额），不过这个计划还包括某些医疗福利和牙科福利，所以对很多人来说挺值的。除此之外，孩子和家长还可以向联邦政府申请"残障人士减税计划"，根据这项计划，残障人士本人和父母无论收入多少，均可享受减税政策。不过，由于该项计划规定的医学标准非常严格，所以不太好申请，可能需要提交很多的表格以及医生的信件作为支撑材料，而且到了18岁还需要重新申请。但是一旦申请成功，家长就可以为残障子女开设一个"残障人士注册储蓄计划"，从本质上说，这是一种避税的方式，该账户在子女40岁之后（即父母可能去世之后）可为其提供供养保障。[①]

美国针对本国居民也有类似项目，比如社会安全生活补助金，可以根据经济需要负担残障人士基本保障（比如衣、食、住）、社保残障保险（子女在22岁之前就身有残障的，可根据其父母的收入记录向其支付福利金）以及收入税务补助[②]（子女有终身残障并与父母同住，无论子女年龄多大，只要父母收入低于一定标准，即可享受免税额度）。和安大略省一样，这些项目也需要提交很多医疗文件来证明残障情况。家长所在地区可能还有各省自己的项目，可以在本地找个会计人员或者财务顾问一起研究一下，是否适合自家的情况。

在英国，针对身有残障的本国永久居民，也有各种各样的免税福利。根

---

① 译注：这个说法与残障人士注册储蓄计划的现行规定不太一致，现行政策规定供款不可抵税，对于使用时间没有限制，但是供款截止时间是在受益人年满59岁当年年底。

② 译注：收入税务补助（Earned Income Credit），又译所得税减免额。

据年龄不同，可以申请的有：残障人士生活津贴（16 岁以下）、独立生活补助（成年）、护理津贴（从可以领养老金开始）。除此之外，家长照顾孤独症孩子，可以申请照顾者津贴①，以及照顾者信用资格，这样的话就不会因为专门负责照顾孩子而使国家社会保险记录出现断档。可以在本地找个会计人员或者财务顾问一起研究一下，是否还有更多的免税额度以及福利政策。

## 能够为家长提供支持的亲朋好友是什么样的？

家长一直在支持孩子进步，但家长自己可能也需要支持。接下来我们了解一下作为家长，可以向哪些人、组织以及帮扶项目求助来缓解自己的压力呢？把个人身心健康放在首位，这一点非常重要，我们将在第 11 章详细讨论。首先，我们分析一下亲朋好友能够提供哪些帮助。

他们能提供的支持主要是实质性的和情感上的，但同一个人不一定能同时提供上述两个方面的帮助。举个例子，朋友愿意当司机送您家孤独症孩子去参加活动，但是回来把孩子送到门口时可能连两句话都说不上，这样的支持就是实质性的，非常难得。还有的朋友或者亲戚愿意做得更多，比如周末帮您带孩子（详情请参见之后的临时看护相关章节）。有的朋友可能不太能帮您解决实际问题，但是会时不时地约您喝个咖啡或者打个电话，这样的话您作为家长的这一路艰辛也可以有个倾诉对象。这样的支持就是情感上的支持，也很难得。

组个庞大的亲友团，您的需要或者孩子的需要可以有不同的人来分担，不至于给某一个人造成太大的负担。如果亲朋好友的圈子太小，可以考虑扩大一下。比如，可以试着和孩子朋友的家长联络一下。他们一般都住在附近，大家的年龄也相仿，可能兴趣爱好都差不多，至少孩子们的兴趣爱好都差不多。另外，加入某种信仰社团、面向成年人的孤独症相关团体或者其他社区团体，都可能扩大亲友团，帮您得到实质性的和情感上的支持。

---

① 译注：照顾者津贴（Carer's Allowance），又译看护人津贴。

亲友团要大点儿，还有一个原因就是，并不是所有人对你都是同样地有帮助。有时候，人们以为自己是在帮忙，但实际上根本不知道对方需要的是什么，或者只是为了满足自己的情感需要。很快你就会发现还是远离这些人比较好，不要给他们的心理游戏充当道具。有些人看起来像是在帮忙，但实际上没起啥作用，比较常见的风格有：

○ 气急败坏型。这种人觉得你的问题他们有办法解决，所以基本不听你说了什么，也完全不理解你的处境，就直接告诉你应该听他的。如果你提出不同意见或者没有全力以赴按他的馊主意行事，他们就会非常生气，指责你不懂感恩、不知好歹。

○ 打击士气型。这种人听你聊完心事之后会拐弯抹角地批评你，让你怀疑自己。举个例子，如果你说了你打算做什么来帮助孩子，他们可能就会说："你确定这么做好吗？嗯……"如果你说自己实在是没主意了，他们可能就会说："你是说你还没试过……吗？哦……"过不了多久，你就会觉得自己肯定是全世界最奇怪、最没能耐的家长。

○ 花言巧语型。这种人会认真倾听，还会不怕麻烦帮你搜集有用信息，不过心里有自己的小算盘。他们可能想让你家孩子报名参加一个很贵的教育项目，或者是以便宜的价格获得你的专业服务，又或者想跟你约会。

○ 神出鬼没型。这种人，在你每次说到孩子的困难时都会主动提出要帮忙，但是等你真的需要帮忙的时候，他们就没影了。不可否认，没有谁能一直守在你身边，但是有事时这种人从来都不在线，不管平时跟你提了多少次要帮你。

○ 有名英雄型。这种人在你陷入困境的时候帮过你一两次，之后就经年累月地宣称他们为了帮你养孩子牺牲了自己的利益。因为这种"大英雄"只是有点烦人，但还不是一点帮助都没有，所以你可能也不太舍得跟他们断交。

○ 育儿专家型。这种人会分析你的养育风格和你家发育障碍孩子有什么关系，自己的养育风格和自家普通孩子有什么关系，然后放在一起比较——

那你当然比不过他了。按他们的观点，你肯定是比较焦虑、不够严厉，对孩子包办太多。而实际上，家长之所以形成这样的育儿风格，可能就是因为孩子有发育障碍，可是这一点，随随便便就被忽视了。

- 傲慢偏见型。这种人一般都很无知，对孤独症还不怎么了解，就断定你家孩子会对他家孩子造成不好的影响。即便孩子们在一起相处得很融洽，而且也没有反社会行为。尽管他们表面上装得挺友善，但是不会给你他们的联络信息，也不会回你的电话。

上面描述的这些显然有点夸张，真正的人性比这些描述所展现的要复杂多了。不过，谈及这些是为了帮助家长发现，有些互动会毁掉你的幸福感，尤其是反复出现的时候，危害更大。如果周围都是些这样的人，真的会消耗你的精力、打击你的自尊。

而另一方面，有些人真的就是人间瑰宝。他们会在你需要的时候帮助你，而不是他们想要觉得被需要的时候才出现。他们让你觉得你的感受是很正常的，还会给你加油鼓劲。他们会理解你的艰难，尊重你带孩子的经验和专业，倾听你的心事。他们只有在了解了事情真相之后才会提出建议，如果你决定接受这些建议，他们就会伸出援手，帮你跟上。他们很有耐心，也没有什么不可告人的动机。在他们眼里，好的结果本身就是回报。最重要的是，他们喜欢你的孩子，能看到他的潜力。这样的人一定要珍惜！

## 家长应该加入互助组织吗？

随着孤独症青少年互助组织的出现，面向家长的互助组织也随之发展起来。与面向孩子的互助组织（详情请参见本书第 7 章）一样，面向家长的互助组织也各有侧重，领导风格以及团体组成也各不相同。想要判断某个互助组织是否值得加入，还是说不如就靠亲朋好友的帮助，可以先研究一下该组织可能存在的优缺点。

这种组织的优点包括：大家能找到共同点（在这里您发现有些经历不是

只有自己才有）、获得情感支持、获取本地资源信息、了解其他人对这些资源的看法、多学习一些应对技巧、有机会给别人情感上的支持（对于很多人来说，帮助别人有助于改善自己的心情）。有时候组织成员还能互相提供实质性的帮助，不过不是总能这样。加入组织的时候要问清楚是不是有这样的要求。

有些互助组织可能也有缺点，加入之前要先调查清楚。比如，有些组织会越来越强调为孤独症青少年争取权益，渐渐背离了相互支持的初衷。在这样的组织里，成员们把大部分时间都花在想方设法代表孩子与政府或者其他部门作斗争上，而不是努力理解彼此的艰难、找到应对办法。还有一个可能有问题的点是，有些组织会鼓动成员去尝试未经有效证实的孤独症干预方法。如果您决定不去尝试，就得不到情感上的支持。

互助组织的领导者可能是专业人士，也可能是非专业人士（即其他家长）。有时候，非专业人士领导的组织比专业人士领导的更容易受到那种长期存在的谣言或者错误信息的蛊惑。如果没有专业人士的引导，一旦群体气氛不对头，就要花很长时间才能看出来、遏制住。不过，另一方面，比起依靠所谓专家，非专业人士的领导可能会让人觉得更有力量，而且有时候他们比专家更熟悉本地问题。有一个折中的办法就是，互助活动由非专业人士来组织，而有些活动邀请专业人士嘉宾发言，来讨论大家觉得棘手的课题。不过，总是请嘉宾来发言，互助活动就变少了，这就违背了互助组织的初衷。

最后，即便只是参加一两场活动，也要尽量去了解其他成员的特点，看看有没有组织成员和自己的教育程度差不多、对孤独症的理解也差不多的，几个也行。看看有没有组织成员家的孩子和自家孩子的年龄相仿、程度相似的。有些组织还会受到家长成员性格特质的影响，这种特质称为"边缘性孤独症表现型"（Piven et al., 1997）。这样的家长本身就有一些轻度的孤独症特质，可能在社交方面不是那么灵活，情感上也比较拘谨，对某些话题或者细节过于纠结。互助组织里如果有几位成员是这样的性格特质，那么整个组织的风格可能就是更加强调就事论事，而不是互相扶持。还有些互助组织内部竞争也很激烈，成员为了上位不择手段。找互助组织的时候，还要注意组织成员的生活环境是否相似，这一点也很重要，我自己的经历就是证明。

**我"高攀不起"的互助组织**

几年前我加入了附近一个孤独症青少年家长互助组织，刚开始的时候很高兴，因为我发现组里的女性成员（大部分互助组织都是女性成员占绝大多数）教育程度都很好，很好相处，而且孩子也都和我家孩子年龄相仿。有人与你同病相怜，这会让你感觉很放松，所以没过多久我就和这个小组打成一片了。在那里我还听到了很多有趣的育儿建议。但是，三四次活动之后，我发现每次聚会结束的时候总有自责的感觉。又参加一次活动之后，除了自责，我还觉得自己作为家长有点不够格。小组里其他成员好像都在竭尽全力帮助自己的孩子，都比我做得多，我觉得自己赶不上他们。这对我的情绪产生了负面影响。

我暂停了小组活动，过了一段时间，才对这个问题有了一些认识，发现了问题所在。我先生去世了，我是家里唯一的经济来源。作为一名医生，我得在城里做全职工作（每天通勤单程就要一个多小时），所以我的亲子时间仅限于晚上和周末。即便是这些时间，有时候也会被工作电话占用。因为我和已故丈夫的事业还算成功，所以我们住在郊区一个很不错的社区。因此，我的邻居们也都是经济上比较成功的，很多可以妈妈在家陪孩子，爸爸出去工作。在互助小组里，我拿自己和那些全职妈妈相比较，难怪会觉得自己不够格。鉴于我的情况，我既不能辞职，也做不到其他妈妈做的那些。我可以为了儿子向外界寻求支持，但是靠我一个人给不了全部的支持资源。

随着时间的推移，我也逐渐明白了，我们互助小组成员养大的那些孩子也不见得都比我儿子过得好。有些确实是好一些，不过也不能确定到底是因为症状不太严重，还是因为家庭给的支持更好，或者两者兼而有之。还有些人进入青春期以后，讨厌家里"安排"自己的人生，他们从孩提时代就开始接受各种干预，现在想要摆脱这些。还有的跟家人之外的人打交道太少，也没有多少在非治疗环境中生活的经验，所以很容易被不怀好意的人欺骗。也有的最后和我儿子发展差不多，尽管他们接受的养育方式迥乎不同。现在回头去看，我不应该拿自己和互助小组其他妈妈比较，也没必要评论她们做得好坏。养育孤独症谱系孩子的方式有很多。在真正的互助组织中，只要是体贴的、有爱心的人都会得到认可。

## 什么是临时看护，从哪里找？

临时看护是一项家庭帮扶服务，旨在给家长一些喘息时间，暂时卸下照顾孤独症谱系孩子的身心重担。比较常见的形式是看护人上门照顾孩子，或者是把孩子送过去，和看护人或者一群差不多的年轻人一起过个周末。临时看护可以给您一点自由时间，参加一些不带孩子的活动，或者就是单纯休息一下。

很多面向孤独症谱系人士的机构都提供这种临时看护项目，您可以打电话问问，或者请孩子的个案经理打电话问问，看看本地有什么项目。如果孩子对于变化非常抵触，那么从居家临时看护开始会比较容易。在这种情况下，临时看护只是把孩子的互动对象换了（也就是说，临时看护人代替家长），换一两天，但是环境没变，还是熟悉的。除了照顾孩子，有些临时看护人也可以帮助孩子学习独立生活技能（比如购物、做饭或者家务）。等孩子比较适应了，还可以尝试离家临时看护，让他与外界接触，提高独立性，参加好玩的外出活动。因此，临时看护既能帮助孩子进步，又能让家长休息。

这种服务主要的缺点就是费用较高。对于有些家庭来说，可能根本负担不起，或者一年才请得起一次周末临时看护，所以好处也是有限。有些组织提供免费的互换看护项目，也宣称是"临时看护"。这种项目是家庭之间互换看护，接受一个或者多个孤独症孩子到自己家过周末，同时把自家孤独症孩子送出去到别人家过周末。不过，考虑到很多孤独症孩子的需求很多，而且很特别，所以这种互换看护的安排可能付出大于收益。

和专业人员一样，临时看护人在经验和专业性方面也是各不相同。要确认一下，看护人在服务孤独症（而不是其他诊断）青年方面的经验够不够丰富，同时回顾一下本章前半部分提到的，找什么样的专业人员才有帮助。如果临时看护是集体环境，还要注意看一下噪声大不大、其他感觉刺激因素多不多，对于孩子来说是否可以忍受。另外，看看能不能了解到这个集体中的其他成员的程度如何、性格如何，这样更有可能确定这个集体是否适合自家孩子。

除了正式的临时看护项目，朋友、家人、邻居也都可能时不时地搭把手。这种情况最初通常都是应家长所求（比如家长周末要加班、家长病了或者短期出差）。但是，有些孩子会和这些短期看护人建立起友谊或者师徒关系，之后就可能会更加频繁，变成定期安排。不过，要注意不要让对方太累！很多人一年帮个几次忙还是愿意的，但是要是变成固定安排，可能就会给人造成负担。如果不确定到什么程度会让对方不舒服，或者对方开始找借口回避您家孩子，那就谈一谈。一般来说，如果您让对方看到您意识到这个问题了，并且不想过度打扰他们，他们会给出积极的回应。

## 接下来要怎么做？

目前为止我们已经讨论了面向家长和孩子各个方面的支持资源，现在可以想一想：最迫切需要支持的领域是什么。到表 8.1 里查一下，找到相关章节再读一遍。之后打电话或者请孩子的个案经理打电话，联系书中提到的这些资源。

接下来就是本书的最后一部分。这一部分主要讨论的是长远打算，有关财务规划、社交规划、生活安置以及家长心理健康，以便确保孩子在转衔过渡阶段所取得的进步得以巩固。

## 拾贝·宝典

### 高中阶段以及毕业之后

- 看看自己或者孩子可以在哪个领域获得额外的支持资源，了解一下表 8.1 中概括的那些潜在支持资源。
- 和孩子谈谈，现在需要在该领域寻求支持，让他觉得求助是很正常的事，缓解孩子害怕、难堪的心理，看看他还有没有其他的担忧；如果需要的话，先尝试几次。
- 如果有不同的支持资源可供选择，那就回顾一下本章关于专业人士应该具备何种特质的内容，根据所列清单进行筛选。
- 咨询家庭医生、孩子的个案经理或者家长互助组织成员，看看有哪些可能对孩子有帮助的项目可供选择。
- 家长自己打电话或者请个案经理打电话联系该项目，咨询申请该项目需要哪些资格、如何申请（要想好如果孩子已经超过 18 岁，家长应该如何帮助他申请），还要了解一下该项目是否有效，有何证据。
- 咨询会计人员或者财务顾问，了解政府收入补助和减税计划。
- 看看有没有亲朋好友能提供情感上和实质性的支持，考虑扩大亲友团"支持圈"。
- 考察本地的孤独症青少年家长互助组织，了解他们的主要目的、组织形式以及成员特点，考虑是否需要加入。
- 寻找正式（收费的、有机构支持的）和非正式（朋友、邻居、家人）的临时看护，上门或者送去都可以，视孩子的接受程度而定。
- 有些互换看护只是表面上看像是临时看护，对这种形式要多加注意。

第三部分

## 未雨绸缪

# 第 9 章

# 长远打算

## ——财务方面

有一天,我们家长互助组织有人问了大家一个问题:"你最担心的事是什么?"回答异口同声:"有一天我不在了,孩子怎么办?"本章和下一章的内容就是为了设法解决这个后顾之忧。在这两章里,我们将会讨论家长应该如何为孩子、为家庭做明智的长远规划。对于未来,百分百的把握是不可能的,但是未雨绸缪还是能让人安心一些。

本章要讨论的内容是:不管是在家长有生之年还是百年之后,将来在财务方面会有哪些常见问题,应该如何处理。尽管各个地区的具体法律规定有所不同,但是不管在什么地方,家长面对的问题都是类似的。不管什么时候,都要用到熟悉地方规定和本地资源的人。

我们先来探讨有关未来几年的问题,之后再谈有关遗嘱和遗产的问题。

## 孩子的未来还不明朗,家长如何进行长远规划?

简单回答就是:多手准备。从孩子完全依靠政府救助生活,到能够自力更生、自给自足,所有可能都要做好应对准备。孩子 18 岁的时候,还很难看出来他将来能挣多少钱——绝大部分孤独症孩子都很难看出来。教育还会继续,职业也会发展,一直到孩子二十多岁,有时候甚至更大年龄。因此,应该做好多手准备,然后每隔五到七年再重新回顾一下这个规划。时间慢慢过去，条件可能不断变化，因此，如果生活中出现了比较大的变化（比如父母离异，家人去世，搬家以后所在地法律规定与原来地方不一样，等等），家长可能也想要重新进行规划。随着时间的推移，孩子将来的收入水平就越来越好预测了。到他 30 岁左右的时候，做出一个明确一点的规划还是比较可能的。

先回顾一下本书第 8 章谈到的有关收入补助和减税的信息，如果孩子的程度一般，家长供养他们也很困难，那就迫切需要上述支持资源。不过，即便不是这种情况，也可以考虑和孩子一起申请政府支持资源，早申请比晚申请好。孤独症谱系障碍青少年中，只有很少一部分人能长期做到经济独立、自给自足（Coury et al., 2014），所以这些支持资源在某些时候很可能还是用得上的。

研究一下申请这些支持资源都需要哪些资格，要保证孩子符合规定要求。比如，按照有些地区的法律规定，如果家长以孩子的名义进行了投资或者开设了银行账户，那么孩子可能就没有申请资格。同样，医学诊断或者智力水平也会对资格认定产生影响。针对财务方面的资格问题，可以咨询财务顾问；如果是医学问题，就咨询医生；如果是智力问题，就咨询心理医生。

有时候，家长没有及时去申请政府补助，主要有几个原因。首先，家长可能觉得自家孩子的程度相对不错，因此还寄希望于他有一天能实现经济独立、自给自足。但是，即便他真的可以做到，也需要很多年的时间。在这段时间里，要一直在没有外援的情况下辅助孩子，整个家庭的预算都会很紧张。而且，不幸的是，最后他还不一定能养活自己。其次，家长可能攒了不少家当，也很自豪不用向外伸手就能养活一大家子。尽管这种态度令人钦佩，但是总有一天，家长会撒手而去或者行动不便，没法再照顾孩子。真到了那样的境地，孩子一边艰难地活着，一边还不得不自己去申请政府支持资源，那才真是雪上加霜。

一旦申请到了政府补助，就按照孩子找不到工作或者只能打短工（就是没有稳定收入）并一直住在家里（生活安置相关内容将在本章下一节以及第

10章进一步讨论）来打算，有计划地从家长自己的资产里划转现金到补助账户。按照上述假设的情况规划预算，留出些钱作为基金，满足孩子未来的需要（也就是父母双亲都故去了以后）。假设孩子的收入稳定但是不高（比如做半天制工作、挣最低工资），或者孩子能做全职工作（最开始也是挣最低工资），也要按照上述办法操作。刚开始家长有很多工作要做，但是就像之前说过的那样，随着时间的推移，孩子未来的情况会越来越明朗。

接下来我们通过一个案例看看这种做法的效果。还记得特蕾西（本书第4章提到过）吗？她曾经想成为一名网红歌星，但是没有成功，之后又回到了高中校园。她在一家仓库帮亲戚打短工，没有稳定收入。

## 特蕾西

特蕾西终于高中毕业了，但是因为她有严重的学习障碍，就没有考上大学。她也意识到，音乐对她来说只能是个爱好。在她承担的所有家务活中，她觉得照顾年幼的表弟表妹是最轻省的了。实际上，有时候她还觉得这个活儿挺好玩的。因此，她报名学了个儿童保育课，想着学完能找一份日托的工作。

特蕾西18岁的时候，父母帮她申请了政府补助。申请批准以后，父母按照当时的情况做了一个预算规划。特蕾西在仓库是临时工，所以除了政府补助之外没有稳定收入。她的儿童保育课学费是父母帮她出的，而且她一直住在家里。父母申请到了残障人士注册储蓄计划（在他们省有这个帮扶项目），每个月都存进一些钱，给她将来攒着。这个计划不影响她享受政府补助。他们还按照下列不同情况分别做了预算规划：一种是，特蕾西能拿到儿童保育课程证书，能找到半天制工作；另一种是，特蕾西能拿到儿童保育课程证书，能找到全职工作。

最后，特蕾西拿到了证书，在当地一家日托所找到了一份半天制工作，同时还为当地图书馆一个音乐项目做志愿者。父母和特蕾西都对这个结果很满意，现在就可以为将来做一个明确的财务规划了。

关于生活安置，家长也要做多手准备，因为随着时间变化，孩子的自理能力也会发生变化。孤独症成人中，只有 20% 可以完全独立生活（Poon & Sidhu, 2017）。因此，先看一下本书第 10 章谈到的有关生活安置的内容，看看哪一种形式适合孩子目前的独立水平，然后根据这些安排做好财务规划。如果还不清楚孩子处于什么水平，可以做个独立生活技能评估，在本书第 3 章对此有详细解释。需要注意的是，普遍来讲，孤独症谱系障碍青少年在无法依赖父母辅助的情况下会更加独立（Pavlides, 2011），他们的独立生活能力常常到了二十多岁还会继续提高。因此，做财务规划的时候，对孩子将来独立生活技能水平的期望值，可以比目前表现出的稍微高一点点。

另外，还要和家人以及关系比较亲近的朋友谈谈，听听他们对于孩子的未来有什么看法。如果您有兄弟姐妹或者其他岁数不太大的家人或朋友，愿意接受孩子跟他们住在一起，同时孩子本人也同意的话，也是一个不错的选择。但如果是跟您年龄相仿或者比您年龄还大的人，那就不是特别理想，因为他们可能会先一步离世。如果孩子本人不喜欢这个朋友或者家人，那也不行。如果不确定的话，可以先让孩子过去住一个周末，看看相处得如何。不管是哪种情况，都建议先试试看。这样可以让孩子先熟悉一下别人家，将来搬出去的话就没那么费劲。

有的朋友或者家人愿意定期上门看看孩子的情况，但是不想接他过去同住。对于高功能孤独症孩子来说，这个办法可能也不错，可以代替专业看护。但是，要注意孩子是否能够适应这个看护人以及这种安排。

接下来我们通过下面这个案例来看看，随着时间变化，孩子需要的生活辅助会发生哪些变化。

## 恰克

恰克是孤独症谱系孩子，有语言，但是在独立生活技能方面比较落后。18 岁的时候，他才只能自己独立待几个小时，洗澡和乘公交都需要帮助。他常常忘了基本的生活自理任务，几乎没有金钱的概念，洗衣服、擦地板等大部分家务活都做不了。他没有继续教育的计划，也从来没有去找过工作。父母觉得他将来只能是居家生活或者去集体之家那种地方，因为那里几乎一直有人监管，他们的财务规划也是根据这样的打算来做的。

但是，到了恰克快 25 岁的时候，周末父母已经可以放心出门让他自己在家了，定了闹钟他能按时起床，能按照任务清单逐项做好生活自理，还能乘坐公交去做零工，还会自己管钱管账，管理自己的银行账户。不过，付账单、收拾上班要带的包、主动做家务等，还需要有人辅助。而且，每天到了晚上他还是有点孤单，厨艺也仅限于能把饭放进微波炉里加热。尽管如此，鉴于恰克的独立性越来越强，他过起了这样的生活安置形式：和一位室友一起生活，每天有工作人员上门帮助他处理杂务、整理账单、收拾工作包。室友每天下了班就吃饭、吃完饭打游戏，这对恰克来说也是挺有规律的，让他很满意。这种辅助生活形式所需的花费，一部分来源于恰克的工资，一部分来源于社会安全生活补助金，几乎用不着父母的资助。在他 25 岁的时候，基于他的能力，财务规划又进行了修改。

## 为了孩子将来的需要，家长应该如何攒钱？

我经常听到家有普通孩子的朋友说："我要享受退休生活……死之前把钱全花光！"这种事我想都不敢想。我得留出一部分财产，保证我儿子得到照顾。我无法确定他将来能不能自己照顾自己。您作为孤独症谱系障碍孩子的家长，可能跟我有着同样的心情。我们要抚养发育障碍的孩子，对于大多数这样的家长来说，想随心所欲地花钱几乎是不可能的。

不过，为了孩子的将来攒钱，也不是一件容易的事。家长以孩子名义存的钱，常常是有限额的，除非是降低政府补助。您得去查一下，按照所在地法律规定，这个限额是多少。而且，说到如何少缴点税、是否需要与其他家庭成员共同持有资产，以及如何保证在财产分配方面所有孩子都一碗水端平等话题时，您听到的建议常常是互相矛盾的。

我不是财务方面的专家，所以请根据自身财务状况，咨询财务顾问、会计人员，或者都咨询一下。不过我还是有些总体的思路，可能有助于家长制订财务规划，这些思路主要涉及三个阶段：第一个阶段，家长已经退休，但是可能还需要继续为孩子提供经济支持；第二个阶段，家长故去，孩子必须在没有家长帮助的情况下管理财产事务；第三个阶段，孩子到了退休年龄。

在第一个阶段，注册投资通常比较有用，因为这可以让家长把纳税时间从工作期间推迟到退休期间。工作期间收入较高、应缴税额比较大，而退休期间收入较低、应缴税额就比较小，这样缴税总额就减少了。但是，到了一定年龄（加拿大规定是71岁），可能会强制要求解散注册投资，如果到解散的时候这笔投资依然很多的话，就可能要一次性缴一大笔税费。如果家长持有非注册投资、公司投资或者某些类型的人寿保险，这些也可以用来补充退休收入，可能还不用缴太多税。和财务顾问一起规划，退休以后应该如何进行各种类型的投资、什么时候投资，才能为家庭包括孤独症孩子带来最大的收益，同时最大限度地减少税务负担。

我们当然希望可以陪孤独症孩子一起生活很多年，但是确实也要安排好身后事。因为家庭情况是在不断变化，所以每隔几年就应该更新一下遗嘱，同时还要咨询遗产律师，以确保遗嘱按自己的意图供养继承人。

家长去世以后，继承人得到的资金应该是分三大块：急用、人寿保险赔付以及为将来准备的资金。可以考虑与另外一位家庭成员共同持有一个应急账户，这样就可以支付紧急费用，比如葬礼花销和大概一个月以内必须支付的账单费用。如果家长有一大笔作为特殊用途的专款（比如家里正在装修，这笔款项要用于支付尾款），那就把这笔钱也放在这个应急账户里。银行账户上如果只有家长一个人的名字，这个账户从家长去世时起就会被冻结，一般是几个月的时间。在这段时间里，如果家长生前有外债，债权人可能就会要求继承人还款。而如果把这些钱放在共同账户里，就可以减少继承人的经济负担。如果水电费等基本生活设施费用的账单是自动划款的，那么可以考虑用这个共同应急账户来自动划款。我自己的教训是，账户一旦冻结，就不能自动划款，煤气公司可能就会关掉你家的暖气，那可真是名副其实的"冻结"了。

根据各地法律规定不同，人寿保险一般会在被保险人去世以后一到两个月之内赔付，假设没有必要调查被保险人死因的话。因此，继承人可以比较快地拿到这笔钱。家长要确保自己的人寿保险金足够支付遗嘱认证期间的家庭开支（大约三到六个月，取决于当地法律规定以及遗产复杂程度），以及因遗产而产生的税费。此外，还要确认自己的人寿保险受益人与遗嘱中所写的一致。举个例子，如果家长遗嘱中说的是，孤独症孩子乔将把他的那份遗产委托给信托公司，那么为了避免法律问题，人寿保险受益人就应该写"乔的信托公司"，而不是"乔"。同样，不管是哪种注册投资，只要是遗产的一部分，受益人都要这样写。

等到遗产相关的税费和债务全都处理完毕之后，剩下的部分就可以成为继承人将来的资金了。与继承人和财务顾问讨论一下，为这些资金制订一个支出和投资计划。举个例子，如果孤独症孩子的那份遗产委托给信托基金了，就可以拿这笔钱去做投资，然后把投资收益定期（一般是每个月）付给孩子，用来贴补政府补助和其他收入。然后，孩子和受托人可以从每个月的总收入中，拿出一部分作为退休储蓄，剩下的根据预算计划支出。

但愿凭着这个支出和投资计划，孩子到退休年龄的时候有一定的积蓄。在加拿大，残障人士或其家长可以按照残障人士注册储蓄计划的规定存钱，以备其将来退休使用。这笔存款可以享受推迟纳税的政策，还有政府专项拨款补充，并且不会影响申请其他政府补助的资格。和财务顾问一起研究，按照所在地法律规定，是否有类似的面向老年残障人士的补助政策。

最后，可以考虑财产赠予，或者让其他人与继承人共同持有某些资产。如果遗产中留给孩子们的钱不是平均分配的，通过财产赠予来进行补偿有时候也是一个好办法。举个例子，如果家里只有孤独症孩子有信托基金，而其他孩子都没有，他们可能会觉得不太公平。在这种情况下，跟孩子们谈谈家庭成员之间需求有所不同，这一点也很重要。但是如果能赠予其他孩子一点钱，还是有助于减少这种不公平的感受的。另外，财产赠予也能让遗产变少一些，少缴一点遗产税。

之前我们讨论过开设一个共同应急账户。有时候其他资产也是共同持有的，是因为这样比较合理（比如夫妻双方对婚姻住房有共同所有权），或者是因为共同资产不会被当作个人遗产，可以少缴一部分遗产税。不过，很多遗产律师不赞成后面这个做法，因为对于共同资产，法律规定还有一定的义务。举个例子，如果家长和子女中的一位对家庭住房持有共同所有权，就会影响这个孩子的缴税额度。该房屋如需留置扣押或者缴不动产税，也需要由他负责。另外，兄弟姐妹不是共同所有人，这也会造成一些冲突。

## 关于财产事务，应该告知孩子多少？

简单回答就是：能理解多少就告知多少。前面几页只是简单总结了涉及孤独症谱系障碍青少年的财务问题，但是您可能会发现，这个总结里回答了多少问题，就引出了多少问题，所以可想而知这个课题对于发育障碍人士该有多么难懂。

和孩子谈财产事务，要一点一点谈，不要一次说太多，根据需要来。比如，孩子开始赚钱了，或者接受政府补助了，这个时候可以谈谈怎么做预算、怎么攒钱。家里进行火灾演习的时候，可以告诉他您的遗嘱以及其他重要文件都放在哪里，这些东西为什么这么重要。至于长远打算的问题，让孩子和银行工作人员或者财务顾问一起坐下来，学习一下要点就行，措辞一定要简单。不过，随着时间的推移，家长还是要反复强调这些要点，因为只说一次的话，他们很容易就忘了。

与孤独症青少年打交道，尤其困难的一点是向他们解释平等和公平的区别。孤独症孩子的思维方式常常很具体，所以兄弟姐妹分到的钱不一样多的话，在他看来就是不公平的。举个例子，孩子可能会觉得奇怪，为什么家里其他孩子可以跟家长共同持有应急账户，而自己却不行。可以告诉他，他的名下有其他资产（比如信托或者残障人士储蓄计划），而其他孩子没有。可以拿苹果和橘子举例子，不同类型的投资就像是不同品种的水果一样，有些人喜欢这种水果，有些人喜欢那种水果，尽管水果大小各不相同，但是每个人拿到的水果都是自己最想要或者最需要的，这也是公平的。

除了跟孩子谈财产事务，还要告诉他们到哪里找到某些重要文件。这些文件包括家长的遗嘱、授权书（家长为预防自己失能而准备的授权书、孩子的授权书，或者两者都有），还有万一家长意外身亡或者失能的情况下可以求助的人的电话号码。这些人可能包括律师、财务顾问、会计人员、葬礼承办人、保险经纪人、银行经理、遗嘱执行人、受托人，还有可以帮着照顾孩子的亲戚或者朋友，以及所有参与看护的专业人员。为了预防火灾或者自然灾害造成的损失，要把所有的重要文件都复印一份，保存在家以外的地方（比如工作的地方或者亲戚朋友那里），因为律师不一定会保存复印件。不要把重要文件放在银行保险箱里，因为这样可能会搞成一个死循环。举个例子，您在银行保险箱放了一份财产授权书，有一天您突然失能了，但是授权书上指定的人去银行取这份授权书的时候，可能会被告知他们必须出示您的授权书才有权利接触保险箱（这是不可能的）。

## 家长必须申请监护权或者办理财产授权书吗？

孤独症谱系障碍青少年在理财方面的能力参差不齐，也很容易在经济上被人利用，所以家长应该考虑申请财产监护权或者办理财产授权书。有了这些东西，即便孩子已经超过 18 岁，家长也可以代表他们做有关财产事务的决定，填写某些官方表格文件。

比起监护权，财产授权书更容易办理，也更尊重孩子的自主权（Zakre, 2014）。因此，对于高功能孤独症青少年来说是个不错的选择。财产授权书允许孩子指定一个人（也就是家长）代表他们处理财产事务。财产事务包括涉及金钱和教育的各种决定、公共福利的申请，还有查阅某些文件的权利（这些文件属于隐私文件，没有本人授权他人不得查阅）。有了授权书，为孩子提供服务的专业人员或者机构也可以放心，因为这样的话，他们就可以将孩子的情况告知家长。而如果没有授权书，他们就不太可能这样做。财产授权书和健康事务授权书不一样，后者只有在医生认为某人无法就自己的医疗事务做出决定的时候才会启用。办理财产授权书，需要孩子能够理解所签文件的意思，而且通常需要一位公证人员和证人在场，才能具有法律效力。孩子随时可以收回授权或者改变授权。

如果孩子的程度一般，无法理解授权书的意思，并且需要大人的帮助才能做出有关财产事务的决定，那就应该考虑申请财产监护权。申请财产监护权，需要向法庭提交监护权申请，所以最好在律师的帮助下进行。如果是这种情况，必须有医疗文件证明孩子没有能力处理财产事务，家长的申请无需经过他本人同意。如果孩子的名下有任何资产，家长可能需要有人担保。如果孩子理解不了法庭程序，或者听到这些可能会受到伤害，医生可以申请让孩子免于出庭。一旦家长获得了监护权，必须每年向法庭提交一份孩子财产事务的报告。监护权只有法庭准许才可撤销。

## 如何保证家长去世之后孩子还可以继续享受政府福利？

家长可能担心残障孩子继承遗产之后，看起来好像有很多资产，政府会因此停止补助款项，之后需要的时候再申请会很困难。在加拿大，不能因为申请了残障人士注册储蓄计划，存了钱在里面，就不给孩子发放政府福利，这个规定在很大程度上避免了上述问题。在其他地方，法律规定如有不同，家长可以在遗嘱里加上一个条款以防万一。

绝对全权信托（也称汉森信托，以一起著名的法庭判例命名）旨在维护残障人士福利权益，既保护他们继承遗产的权利，又保护他们继续领取政府福利的权利（The Special Needs Planning Group, 2015）。为了保证这一点，家长一定要确认自己在遗嘱中明确：受托人有"绝对全权"来决定如何使用这些资产来帮助受益人（孤独症子女）。这样的话，这些资产就不再属于孩子，而是由受托人决定如何使用，孩子就不会因为这些资产而失去获得政府福利的资格。但是，需要注意的是，绝对全权信托给了受托人非常大的财权。家长一定要确定受托人是值得信任的，会永远保障孩子的利益最大化。

## 家长应该请信托公司介入吗？

如果孩子的程度一般，而且在家长去世的时候有可能会继承一大笔钱，那么为了保护他们，还是要把这些资金做个信托。如果孩子的程度不错，家长可能会犹豫是否需要信托。

将遗产委托给信托公司，除了考虑到绝对全权信托和政府补助的关系之外，还有至少两个原因。首先，关于如何攒钱、花钱，孩子可能不能很好地进行判断。举个例子，结账的时候他们算找零可能算得比家长还快，或者能在手机上完成大部分交易，但是碰上有些漫画书纪念品或者看到有些东西特别符合他们的特殊兴趣，他们可能就会花很多的钱去买。在有些情况下，跟他们说再多遍要做好支出预算都改变不了这种消费模式。其次，尽管孩子对于财产事务有比较好的把握，他们还是可能比较容易被不怀好意的人欺骗。不正当的投资行为、不明智的商业投机，还有钓大款的朋友或者合作伙伴，这些都是发育障碍人士可能碰上的经济诈骗形式。如果能请受托人介入，就可以降低这种风险。的确有一些高功能孤独症青少年不需要信托就能管理一大笔钱，但是决定这样做之前一定要三思。

如果家长要为孤独症孩子做遗产信托，那就需要确定由谁来管理：是由一位或者几位家人，还是由信托公司。信托公司的好处是，他们几乎总是会保障孩子的利益最大化，缺点是他们要按比例收取服务费用，这个比例很高。而家人呢，可能收取费用很少，甚至免费受托，但是不一定永远把孩子的利益最大化放在心上，或者可能都在觊觎这笔钱，互相之间勾心斗角。到底如何选择，取决于家长对想要委托的人有多信任。

如果孩子的程度不错，但是比较容易上当，家里有个他很喜欢的兄弟姐妹，那么可以考虑让他俩一起成为共同受托人。在这种情况下，这个兄弟姐妹可以（在财务顾问的帮助下）用信托基金进行投资，每个月都把投资收益的一部分转给孤独症孩子。如果孤独症孩子想要从信托中多取出一些钱来做一大宗交易，这也是可以的，但是要经过这位兄弟姐妹（也就是共同受托人）的同意。这种安排可以避免孩子乱花钱、遭人骗。

## 家长遗嘱应该包括哪些内容？

所有的遗嘱都需要包括下列表述：撤销之前的遗嘱、指定遗嘱执行人（负责履行遗愿和管理遗产的人）、付清所有遗留债务、缴清所有税费、分配资产给受益人（继承遗产的人）、授权遗嘱执行人处理本人的资产。一般来说，只要是合格的律师，就会确保遗嘱中包括上述所有要素。如果受益人之一是谱系孩子的话，那么就要像之前讨论的那样考虑绝对全权信托。大多数遗嘱还会加上如果双亲同时去世应该如何的条款，家里有残障孩子的话，这些条款尤其重要。

家长想要写在遗嘱里的内容固然重要，不过，还有一件事也同样重要，那就是要与遗嘱中涉及的这些人谈妥。家长在选择遗嘱执行人的时候一定要慎重考虑，要确保对方愿意承担这个角色。担任遗嘱执行人是一项非常重要的责任，涉及大量的行政性事务，还需要咨询律师和财务专家，需要注意税收问题，还需要人际交往能力（因为到时候受益人的情绪往往比较激动）。不是每个人都愿意或者有能力承担这项任务。另外，如果选择某位家庭成员做受托人，同样也要慎重考虑，确保他们愿意承担这个角色。他们应该能和家里的孤独症孩子相处融洽，懂一些财务知识，在这方面比较有头脑。另外，还要考虑他们的年龄。受托人中至少要有一位比家长年轻些，因为年长的可能会先走一步。

如果家人或者朋友得在家长过世之后照顾这个孤独症孩子，那么要确保他们愿意承担这样一个任务，还要确保孤独症孩子也同意这个安排，同时还要考虑以某种形式给照顾孩子的人一些补偿。举个例子，如果家长打算让孩子将来和一位关系很近的朋友住在一起，但是在遗嘱里却表示把遗产平均分给自己的子女，那么这位朋友可能就不大情愿或者没能力满足孤独症孩子的所有需求。家长可以给这位朋友做一个财产赠予，也可以让他做共同受托人，或者以其他形式对他给予补偿。不一定非要在遗嘱里写上这个人的名字，但是他应该知道这些打算，认可这个安排，并且觉得这样安排对自己比较公平。不要让您的遗嘱给人带来意外的不快。同样，如果家里有其他孩子主动提出让孤独症孩子和他一起生活，也要考虑给这个孩子多分一点遗产，或者在活着的时候就赠予他一大笔钱。要确保所有家庭成员都知道这个安排及其原因，这样大家就不会有不好的感觉。

最后，每隔五到七年重新看一下遗嘱内容。随着年龄的增长，孩子可能与之前预估的不一样了，也许在经济上能够更加自立，也许还不如以前。家庭成员之间的关系也可能发生变化，比以前更好了，或者不如从前。这些都会影响家长对于遗嘱执行人、受托人和未来看护人的选择。生活环境的变化也会影响经济状况（比如父母离异、家人故去），也有可能需要对遗嘱做出修改。除了对遗嘱进行必要的修改之外，还要记得通知所有相关人士并征得他们的同意。

接下来我们通过一个案例看看孩子年龄的增长、生活环境的变化如何影响遗嘱的关键内容。

## 琼斯家

来认识一下琼斯一家吧。简·琼斯和理查德·琼斯夫妇有两个孩子：本和迈克尔。弟弟迈克尔有孤独症谱系障碍。哥哥本神经发育正常，比迈克尔大 2 岁。理查德的父母都已去世，他是独子。简的父母还健在，她有个妹妹叫格蕾斯，是位会计师，姐妹俩关系很好。不过，她们不住在同一个城市，所以格蕾斯和外甥迈克尔不是很熟。简立遗嘱的话，可以考虑 4 个时间节点：迈克尔 7 岁、14 岁、21 岁和 28 岁时。

迈克尔7岁的时候，简和理查德都健在，所以如果其中一位过世，配偶可以处理遗产（作为遗嘱执行人），也可以照顾孩子，继承所有资产。如果双方同时身故，那么格蕾斯可以成为遗嘱执行人。格蕾斯是会计师，能够做好这项工作，她本人也同意了。留给两个孩子的遗产由信托保管（因为两个人都还未成年），由两个人共同管理：一个是格蕾斯，一个是迈克尔的姥爷。孩子们会和姥姥姥爷生活在一起，姥姥姥爷已经答应万一真的发生这样的不幸，他们会抚养两个外孙。

迈克尔13岁的时候，理查德上班途中遭遇车祸身亡。简非常伤心，同时还要处理遗产的事情，照顾两个十几岁的孩子，她被压得透不过气来，但是在朋友和家人的帮助下还是勉强支撑了下来。

第二年，简修改了遗嘱。她让格蕾斯做遗嘱执行人和受托人，不过加上了一条：等到本21岁，就成为共同执行人和共同受托人。本现在16岁，很成熟、适应能力很强，简觉得他将来能在管理家庭财务方面发挥领导作用。迈克尔的姥姥姥爷都已经年迈，无法承担照料他的责任。但是简他们家有个非常好的朋友，迈克尔和这位朋友相处很融洽，而且两家住得很近。这位朋友答应了，万一简出了什么事她可以照顾迈克尔，如果需要的话还可以帮助本。遗嘱中还包括对格蕾斯和这位朋友的赠予，她们愿意为这个家庭承担这么重要的责任，这也算是一部分的补偿。不过遗产还是平分给了两兄弟，给迈克尔的那份做了汉森信托，给本的那份做了普通信托（毕竟本目前年纪还小）。

迈克尔21岁的时候，那位朋友换了一份工作，搬去了欧洲，于是简又修改了遗嘱。本现在已经成年，所以他可以和格蕾斯姨妈一起作为共同执行人和共同受托人。格蕾斯承担了这么多重要责任，所以遗嘱中包括对她的赠予。遗产平均分给兄弟俩，给迈克尔的那份做了汉森信托。其实，给迈克尔的那份要不要做信托，成了一个有点争议的问题，因为他现在看起来对钱的概念有了基本的理解。但是，因为担心他在经济上被人利用，也不确定他将来收入如何（可能一直需要政府补助），简觉得继续做绝对全权信托更加明智,她把这些考虑向关心此事的家人们做了解释,其中也包括迈克尔本人。迈克尔已经成年,遗嘱中不再需要为他指定看护人。但是,因为他在生活中可能还是需要辅助,所以简私下里考察了一下。他们家附近有好几家人都很熟悉迈克尔。简问过这些人家,万一有需要,可不可以帮忙照顾迈克尔,但是没有人愿意接受迈克尔和他们同住。简和格蕾斯谈了这个情况,最后格蕾斯答应,万一简出了什么事她可以去找找适合迈克尔的辅助生活安置形式。

本30岁、迈克尔28岁的时候,本和另一半罗恩买了房子,给弟弟迈克尔留出了一个半地下室的套间。迈克尔打零工,还拿着一份政府补助,定期去健身房,还在教堂做志愿者。他每天晚上都会和简在电话里聊上几分钟,说说自己这一天是怎么过的,周末的时候还会和简一起吃顿饭。不过总体上他很喜欢自己一个人住,有自己的一片小天地。本会帮着迈克尔付账单,注意提醒他跟人约好的事情不能忘,需要的时候还

表9.1　简遗嘱中与迈克尔年龄有关的主要内容

| 迈克尔 | | 遗嘱执行人 | 信托受托人 | 看护人 | 资产分配 |
|---|---|---|---|---|---|
| 7岁 | 父母双亡 | 理查德 | 不适用 | 理查德 | ·理查德全权负责 |
| | | 格蕾斯 | 格蕾斯、迈克尔的姥爷 | 迈克尔的姥姥姥爷 | ·全部信托 |
| 14岁 | | 格蕾斯和本（本年满21岁开始） | 格蕾斯和本（本年满21岁开始） | 简家的朋友 | ·50%分给本（21岁之前）,普通信托<br>·50%分给迈克尔,汉森信托<br>·部分赠予格蕾斯和那位朋友 |
| 21岁 | | 格蕾斯和本 | 格蕾斯和本 | 没有指定看护人 | ·50%分给本<br>·50%分给迈克尔,汉森信托<br>·部分赠予格蕾斯 |
| 28岁 | | 本 | 本和迈克尔 | 没有指定看护人 | ·50%分给本,额外赠予本部分现金<br>·50%分给迈克尔,汉森信托<br>·小额赠予格蕾斯 |

会帮他做点"官方文件工作"。简又一次修改了遗嘱，把本和迈克尔列为绝对全权信托的共同受托人，这样的话，迈克尔会有长期稳定的经济支持，但是如果要花大笔钱买东西或者做投资的话，必须征得哥哥的同意。本现在成了简遗嘱的唯一执行人，还让弟弟有了个家，所以简除了把遗产分给本一半以外，还赠予了他一些现金作为补偿。另外，还赠予了格蕾斯一小份，以感谢她这么多年来对自己的帮助和支持。

上述案例表明，要为处于转衔过渡阶段的青少年（以迈克尔为例，21岁）做长远规划尤其困难，因为无法确定他们在经济和社交方面的独立性最终会发展到什么程度，而且能获得的支持资源可能也在变化。就迈克尔的案例来说，28岁时，以他的情况依然需要信托，但是他的独立性已经比以前有很大进步，能在哥哥本的辅助下生活，这在7年前的21岁时是无法想象的。

要对所有遗产受益人都一碗水端平，不是很容易的事。您能做的，就是仔细考虑对于继承人的生活幸福来说，什么才是最重要的，随着情况变化定期对遗嘱进行修订，跟遗嘱中涉及的每个人定期真诚地沟通，但愿这种做法能维护生前身后的家庭和谐。

本章讨论的话题有些沉重，下一章将要讨论的是长远规划中比较让人振奋的一个方面：如何保证孤独症孩子享有丰富的社交生活，最适合他们的生活安置形式是什么样的。

## 拾贝·宝典

### 18岁之前

- 申请适合家长或者孩子的政府补助或者减税政策。
- 做好预算，包括为孩子的未来做好储蓄计划，分三种情况准备：孩子除了政府补助之外没有其他收入；孩子有收入，但不高；孩子有全职工作。

- 做规划的时候，要按孩子目前独立生活能力的水平或者比目前稍微高一点的水平做打算。
- 与另外一位家庭成员开设共同应急账户，用来支付家长去世以后几个星期之内的花销。
- 家长要及时更新遗嘱内容，保证自己的人寿保险赔付足够支付几个月的花销以及遗产应缴税费。
- 遗嘱中要为残障孩子做好绝对全权信托，这笔信托基金是由信托公司管理还是由家人来管理，需要仔细考虑。
- 家长应该与遗嘱中涉及的遗嘱执行人、受托人或者指定看护人谈妥，确保他们愿意并能够履行这些责任。
- 家长应该开始给孤独症孩子讲如何处理财务事务，并且告诉他重要文件和联系人电话号码保存在哪里。

## 到了 18 岁

- 如果需要，再次申请政府收入补助和减税政策。
- 考虑是否需要拿到授权书（针对高功能孩子）或者监护权（针对程度一般的孩子）。
- 按照家长退休、家长去世、孩子退休三个阶段为孩子分别做好财务方面的支持计划，每个阶段都有不同的安排，如有需要，咨询财务顾问。
- 研究一下，按照所在地法律规定，是否有针对残障人士的退休计划。
- 每隔五到七年修订一次遗嘱，每次都要和相关人士谈妥，保证计划安排没有让他们感到不舒服的地方。
- 考虑在遗嘱中以赠予的形式对遗嘱执行人、受托人以及看护人做出适当补偿，继承人中可能会有人对特殊照顾孤独症孩子的安排感到不公，也可以通过这种方式对他们给予补偿。

# 第 10 章

## 长远打算

### ——社交方面

孤独症谱系障碍青少年在高中之后很容易被社会孤立，所以很重要的一点就是培养他们的社会关系，强化与家人、朋友、集体的联系。本书第 7 章已经详细讨论了这个话题。不过，从长远看来，家长总有放手的那一天，孩子终归要自己应对社交世界，老的关系断线了，再发展新的关系。正如本章所讲的那样，成为某个或者某些集体中的一员，可以让人们有机会建立很多新的社会关系。另外，随着时间的推移，很多孤独症谱系障碍年轻人会越来越渴望离开家庭、独立自主，这也会对他们选择什么样的生活安置形式产生影响。找到合适的住处，既要符合他们的个人喜好，还要适合他们的独立生活技能水平（详情请参见本书第 3 章），这可能不是一件容易的事。因此，本章还将详细讨论，如何根据他们的独立生活技能水平以及个人偏好安排生活的方方面面，让孩子住得安全、舒适，还要尊重他们的自主意识，不管这个意识有多少。

### 能不能等到教育和就业都安顿好了再去考虑社交的事？

我自己有时候也会有这种想法，因为按重要性排序的话，我们很容易会把社会关系排到教育和就业后面。即便您本身没有这么想，但在求学和求职路上总是有很多的不确定性，日程安排上也经常有很多出人意料的变化，这些都会对社交活动的安排造成影响。举个例子，我记得我儿子曾经非常想要学开车，但是那个时候他在等着面试，所以我没办法帮他约教练练车。后来，我们商量的办法是我来教他学开车，因为这样就可以临时做安排，但最后的结果就是我们双方都很有挫败感（我要向驾校教练致以十二万分的敬意！）。同样，偶尔跟朋友约着出去也得临时取消，这样就很难发展友谊，交不到几个固定朋友。不幸的是，长此以往，社交技能就会有退步的迹象，朋友关系也不如从前。

为了避免出现这样的情况，在其他方面的问题趋于稳定之前，家长应该对孩子的社交圈保持关注。比如，每周都问一下他们，最近有没有给朋友打电话，有没有打算去参加社团活动。尽管这样好像有点干涉太多，但是孤独症谱系障碍青少年的社会关系已经很少了，上述做法可以帮助他们维护这些关系。等到他们的工作或者培训项目稳定下来，就可以建立比较固定的社会关系了。之后，您需要做的就是提醒孩子保持联络，直到孩子自己可以记住为止。

## 孩子失去好朋友会怎么样？

首先，如果发生这样的事，他们的反应肯定是伤心。尽管孤独症谱系障碍青少年跟朋友好像常常很疏远，甚至好像对朋友漠不关心，但其实他们非常珍惜友谊。失去好朋友，可能是因为闹矛盾了、忽略了对方，或者是搬家了、分开了，也有可能是因为对方家长出于偏见不愿意自家孩子和孤独症谱系障碍孩子在一起。这种事情对谱系年轻人情感上的打击是灾难性的。对他们所经历的这一切，要耐心倾听、表示共情。尽量搞清楚到底是哪里出了问题，将来如何避免，但是首先要给孩子机会，让他把因为这件事引发的所有痛苦情绪都表达出来。重要的是，不要让孩子因为这么一次失败的经历就放弃社交。要让他觉得这种事是正常的，每个人都多多少少经历过，努力带给他一些希望，相信下一段友谊可能会更好。

其次，让孩子明白尽管友谊很重要，但是社交世界里还有其他可以让他快乐的东西。第 7 章里，我们谈到了集体活动、互助组织，还有恋爱约会，这些都是社交满足感的来源。除此之外，从长远来看，与某些社团建立联系、参加社团活动也是一个重要来源，还有可能发展友谊。接下来我们看看如何发展这些关系。

## 如何帮助孩子与支持性团体建立联系？

考虑支持性团体的时候，卡特及其同事（2013）提出了两种建议：一种是以孩子的特殊兴趣为基础，这样可以提高他参与活动的积极性；还有一种是不断地鼓励他尝试自己兴趣之外的课题或者活动，但是态度要温和。卡特及其同事尤其提倡志愿者工作，因为这种活动可以促进集体参与感，提升自信心，还有助于把书本知识应用到实际生活当中，增加公民荣誉感，培养领导能力，发现更多的就业机会和社会团体。就我自己与孤独症孩子家长打交道的经验，我发现考虑开发以下四种类型的活动是比较有益的：在熟悉的社团里参加非常感兴趣的活动；在不熟悉的社团里参加非常感兴趣的活动；在熟悉的社团里参加不熟悉的活动；在不熟悉的社团里参加不熟悉的活动。下面分别列举一些案例：

- 熟悉的社团、非常感兴趣的活动。萨利姆高中的时候是一个曲棍球小联盟队的守门员。他打别的位置的时候都搞不清状况，但是他当守门员反应很快，对击球也非常专注，因此很出色。高中毕业以后，他继续和球队一起打球，训练结束后还经常和队友一起玩。和萨利姆差不多，奥斯汀非常喜欢实景真人短视频，闲暇时间多半都花在上网看视频上。他所在的教会青年会要做一个查经视频，他第一个就报了名。萨利姆和奥斯汀的例子都说明，如果孩子在高中阶段就有很喜欢的活动，在成人阶段让他继续参加，这是很有用的。
- 非常感兴趣的活动、不熟悉的社团。莫莉高中的时候参演过几部剧，但是高中毕业之后就没有再继续这个爱好。幸运的是，她以前的戏剧老师发现了一个社区戏剧小组，他们很欣赏莫莉的才华。和莫莉差不多，托尼高中的时候参加过学校的动漫俱乐部，他非常喜欢，但是毕业之后俱乐部就解散了。不过，在大人的帮助下，他在家附近的漫画书店又重组了个俱乐部。对于孩子喜欢的社团活动，可以向高中时期的教练、老师和导师打听一下有没有联系方式。

- **熟悉的社团、不熟悉的活动。** 阿玛尔的妈妈参加了一个制陶群，群里有几个朋友，经常来家里喝茶。妈妈提议让阿玛尔也去参加一下活动，她同意了。她感觉一边做陶艺一边听阿姨们聊天很放松，还了解到有几位阿姨家的孩子和她差不多大。阿姨们介绍这些年轻人认识，于是阿玛尔又交到了新朋友。这个案例表明，以现有的社会关系为基础扩展，有时候可以帮助孩子扩大社交圈。

- **不熟悉的活动、不熟悉的社团。** 比利打零工下班回家后经常比较焦虑，所以家长鼓励他去学打鼓，以此来释放他的情绪。上了几节课之后，他发现自己在这方面还挺有天赋的。在家长的鼓励下，他加入了一个社区乐队，和乐队里很多成员成了好朋友。不是所有的孤独症孩子都有勇气和不熟悉的人一起去尝试不熟悉的活动，但是如果孩子愿意，这样的机会是非常值得的。

研究过上述四种类型的活动之后，您肯定能找到孩子喜欢的东西。问问孩子他们愿意尝试什么活动，如果孩子对要不要参加某项活动比较犹豫，可以这样鼓励他们：

- **为孩子做榜样，带头参加社团活动。** 如果家长喜欢参加教会活动，加入志愿者社团、兴趣小组或者其他组织，那么孩子可能也会喜欢参与其中。
- **考虑各种各样有可能参加的活动**，可供选择的有：高中课外活动、志愿者活动、娱乐或者兴趣小组、职业发展小组、青年发展项目、信仰社团、其他青年社团，以及其他社交活动或者居民活动（比如定期参加社区节

# 系 列 丛 书

| 书号 | 书名 | 作者 | 定价 |
|---|---|---|---|
| | 融合教育 |||
| *9228 | 融合学校问题行为解决手册 | [美]Beth Aune | 30.00 |
| *9318 | 融合教室问题行为解决手册 | | 36.00 |
| *9319 | 日常生活问题行为解决手册 | | 39.00 |
| *9210 | 资源教室建设方案与课程指导 | 王红霞 | 59.00 |
| *9211 | 教学相长：特殊教育需要学生与教师的故事 | | 39.00 |
| *9212 | 巡回指导的理论与实践 | | 49.00 |
| 9201 | "你会爱上这个孩子的！"（第2版） | [美]Paula Kluth | 98.00 |
| *0078 | 遇见特殊需要学生：每位教师都应该知道的事 | 孙颖 | 49.00 |
| 9497 | 孤独症谱系障碍学生课程融合（第2版） | [美]Gary Mesibov | 59.00 |
| 9329 | 融合教育教材教法 | 吴淑美 | 59.00 |
| 9330 | 融合教育的理论与实践 | | 69.00 |
| 8338 | 靠近另类学生：关系驱动型课堂实践 | [美]Michael Marlow 等 | 36.00 |
| *7809 | 特殊儿童随班就读师资培训用书 | 华国栋 | 49.00 |
| 8957 | 给他鲸鱼就好：巧用孤独症学生的兴趣和特长 | [美]Paula Kluth | 30.00 |
| | 生活技能 |||
| *0130 | 孤独症和相关障碍儿童如厕训练指南（第2版） | [美]Maria Wheeler | 49.00 |
| *9463 | 发展性障碍儿童性教育教案集/配套练习册 | [美] Glenn S. Quint 等 | 71.00 |
| *9464 | 身体功能性障碍儿童性教育教案集/配套练习册 | | 103.0 |
| *9215 | 孤独症谱系障碍儿童睡眠问题实用指南 | [美]Terry Katz | 39.00 |
| *8987 | 特殊儿童安全技能发展指南 | [美]Freda Briggs | 42.00 |
| *8743 | 智能障碍儿童性教育指南 | [美]Terri Couwenhoven | 68.00 |
| *0206 | 迎接我的青春期：发育障碍男孩成长手册 | | 29.00 |
| *0205 | 迎接我的青春期：发育障碍女孩成长手册 | | 29.00 |
| | 转衔\|职场 |||
| *0296 | 长大成人：孤独症谱系人士转衔指南 | [加]Katharina Manassis | 59.00 |
| *0301 | 我也可以工作！青少年自信沟通手册 | [美]Kirt Manecke | 39.00 |
| *0299 | 职场潜规则：孤独症及其他障碍人士职场社交指南 | [美]Brenda Smith Myles | 39.00 |

| | 社交技能 | | |
|---|---|---|---|
| *9500 | 社交故事新编(十五周年增订纪念版) | [美]Carol Gray | 59.00 |
| *9941 | 社交行为和自我管理：给青少年和成人的5级量表 | [美]Kari Dunn Buron 等 | 36.00 |
| *9943 | 不要！不要！不要超过5！：青少年社交行为指南 | | 28.00 |
| *9537 | 用火车学对话：提高对话技能的视觉策略 | [美] Joel Shaul | 36.00 |
| *9538 | 用颜色学沟通：找到共同话题的视觉策略 | | 42.00 |
| *9539 | 用电脑学社交：提高社交技能的视觉策略 | | 39.00 |
| *0176 | 图说社交技能（儿童版） | [美]Jed E.Baker | 88.00 |
| *0175 | 图说社交技能（青少年版） | | 88.00 |
| *0204 | 社交技能培训实用手册：70节沟通和情绪管理训练课 | | 68.00 |
| *9800 | 社交潜规则（第2版） | [美]Temple Grandin | 68.00 |
| *0150 | 看图学社交：帮助有社交问题的儿童掌握社交技能 | 徐磊 等 | 88.00 |
| | 与星同行 | | |
| *0109 | 红皮小怪：教会孩子管理愤怒情绪 | [英]K.I.Al-Ghani 等 | 36.00 |
| *0108 | 恐慌巨龙：教会孩子管理焦虑情绪 | | 42.00 |
| *0110 | 失望魔龙：教会孩子管理失望情绪 | | 48.00 |
| *9481 | 喵星人都有阿斯伯格综合征 | [澳]Kathy Hoopmann | 38.00 |
| *9478 | 汪星人都有多动症 | | 38.00 |
| *9479 | 喳星人都有焦虑症 | | 38.00 |
| *0302 | 孤独的高跟鞋：PUA、厌食症、孤独症和我 | [美]Jennifer O'Toole | 49.90 |
| *9090 | 我心看世界（最新修订版） | [美]Temple Grandin | 49.00 |
| *7741 | 用图像思考：与孤独症共生 | | 39.00 |
| 8573 | 孤独症大脑：对孤独症谱系的思考 | | 39.00 |
| *8514 | 男孩肖恩：走出孤独症 | [美]Judy Barron 等 | 45.00 |
| 8297 | 虚构的孤独者：孤独症其人其事 | [美]Douglas Biklen | 49.00 |
| 9227 | 让我听见你的声音：一个家庭战胜孤独症的故事 | [美]Catherine Maurice | 39.00 |
| 8762 | 养育星儿四十年 | [美]蔡张美铃、蔡逸周 | 36.00 |
| *8512 | 蜗牛不放弃：中国孤独症群落生活故事 | 张雁 | 28.00 |
| *9762 | 穿越孤独拥抱你 | | 49.00 |

## 经典教材|工具书|报告

| 编号 | 书名 | 作者 | 价格 |
|---|---|---|---|
| *8202 | 特殊教育辞典（第3版） | 朴永馨 | 59.00 |
| *9715 | 中国特殊教育发展报告（2014-2016） | 杨希洁、冯雅静、彭霞光 | 59.00 |
| 0127 | 教育研究中的单一被试设计 | [美]Craig Kenndy | 88.00 |
| *8736 | 扩大和替代沟通（第4版） | [美]David R. Beukelman 等 | 168.0 |
| 9707 | 行为原理（第7版） | [美]Richard W. Malott 等 | 168.0 |
| 9426 | 行为分析师执业伦理与规范（第3版） | [美]Jon S. Bailey 等 | 85.00 |
| *8745 | 特殊儿童心理评估（第2版） | 韦小满、蔡雅娟 | 58.00 |
| 8222 | 教育和社区环境中的单一被试设计 | [美]Robert E.O'Neill 等 | 39.00 |

## 新书预告

| 出版时间 | 书名 | 作者 | 估价 |
|---|---|---|---|
| 2022.06 | 应用行为分析与儿童行为管理（第2版） | 郭延庆 | 49.00 |
| 2022.07 | 成人养护机构实战指南 | [日]村本净司 | 59.00 |
| 2022.07 | 执行功能提高手册 | [美]James T. Chok | 48.00 |
| 2022.08 | 功能分析应用指南 | [美]Adel Najdowski | 48.00 |
| 2022.08 | 孤独症谱系障碍儿童独立自主行为养成手册 | [美]Lynn E. McClannahan 等 | 49.00 |
| 2022.09 | 融合教育学校教学与管理 | 彭霞光 | 59.00 |
| 2022.09 | 孤独症儿童同伴干预指南 | [美]Pamela J. Wolfberg | 88.00 |
| 2022.10 | 课程本位测量入门指南（第2版） | [美]Michelle K. Hosp 等 | 69.00 |
| 2022.10 | 逆风起航：新手家长养育指南 | [美]Mary Lynch Barbera | 59.00 |
| 2022.10 | 阿斯伯格综合征青少年和成人的社交技能 | [美]Nancy J. Patrick | 49.00 |
| 2022.10 | 影子老师指导手册 | [新]亚历克斯·利奥 W.M.等 | 39.00 |
| 2022.11 | 家庭干预实战指南 | [日]上村裕章 | 59.00 |
| 2022.11 | 走进职场：阿斯伯格人士求职和就业完全指南 | [美]Gail Hawkins | 49.00 |
| 2022.12 | 应用行为分析与社交训练课程 | [美]Mitchell Taubman 等 | 88.00 |
| 2022.12 | 准备上学啦 | [美]Ron Leaf 等 | 88.00 |
| 2022.12 | 多重障碍学生教育 | 盛永进 | 69.00 |

微信公众平台：**HX_SEED（华夏特教）**
微店客服：**13121907126（同微信）**
天猫官网：**hxcbs.tmall.com**
意见、投稿：**hx_seed@hxph.com.cn**

标*号书籍均有电子书　　联系地址：**北京市东直门外香河园北里4号（100028）**

华 夏 特 教

| 书号 | 书名 | 作者 | 定价 |
|---|---|---|---|
| 孤独症入门 |
| *0137 | 孤独症谱系障碍：家长及专业人员指南 | [英]Lorna Wing | 59.00 |
| *9879 | 阿斯伯格综合征完全指南 | [英]Tony Attwood | 78.00 |
| *9081 | 孤独症和相关沟通障碍儿童治疗与教育 | [美]Gary B. Mesibov | 49.00 |
| *0157 | 影子老师实战指南 | [日]吉野智富美 | 49.00 |
| *0014 | 早期密集训练实战图解 | [日]藤坂龙司等 | 49.00 |
| *0119 | 孤独症育儿百科：1001个教学养育妙招（第2版） | [美]Ellen Notbohm | 88.00 |
| *0107 | 孤独症孩子希望你知道的十件事（第3版） |  | 49.00 |
| *9202 | 应用行为分析入门手册（第2版） | [美]Albert J. Kearney | 39.00 |
| 教养宝典 |
| *5809 | 应用行为分析和儿童行为管理 | 郭延庆 | 30.00 |
| *0149 | 孤独症儿童关键反应教学法（CPRT） | [美]Aubyn C.Stahmer 等 | 59.80 |
| 9991 | 做·看·听·说（第2版） | [美]Kathleen Ann Quill 等 | 98.00 |
| 8298 | 孤独症谱系障碍儿童关键反应训练（PRT）掌中宝 | [美]Robert Koegel 等 | 39.00 |
| *9942 | 神奇的5级量表：提高孩子的社交情绪能力（第2版） | [美]Kari Dunn Buron 等 | 48.00 |
| *9944 | 焦虑，变小！变小！（第2版） |  | 36.00 |
| *9496 | 地板时光：如何帮助孤独症及相关障碍儿童沟通与思考 | [美]Stanley I. Greenspan 等 | 68.00 |
| *9348 | 特殊需要儿童的地板时光：如何促进儿童的智力和情绪 |  | 69.00 |
| *9964 | 语言行为方法：如何教育孤独症及相关障碍儿童 | [美]Mary Lynch 等 | 49.00 |
| 9203 | 行为导图：改善孤独症谱系或相关障碍人士行为的视觉 | [美]Amy Buie 等 | 28.00 |
| 9852 | 孤独症儿童行为管理策略及行为治疗课程 | [美]Ron Leaf 等 | 68.00 |
| *8607 | 孤独症儿童早期干预丹佛模式（ESDM） | [美]Sally J.Rogers 等 | 78.00 |
| *9489 | 孤独症儿童的行为教学 | 刘昊 | 49.00 |
| *8958 | 孤独症儿童游戏与想象力（第2版） | [美]Pamela Wolfberg | 59.00 |
| 9324 | 功能性行为评估及干预实用手册（第3版） | [美]Robert E. O'Neill 等 | 49.00 |
| *0170 | 孤独症谱系障碍儿童视频示范实用指南 | [美]Sarah Murray 等 | 49.00 |
| *0177 | 孤独症谱系障碍儿童焦虑管理实用指南 | [美]Christopher Lynch | 49.00 |
| 8936 | 发育障碍儿童诊断与训练指导 | [日]柚木馥、白崎研司 | 28.00 |
| *0005 | 结构化教学的应用 | 于丹 | 69.00 |
| 9678 | 解决问题行为的视觉策略 | [美]Linda A. Hodgdon | 68.00 |
| 9681 | 促进沟通技能的视觉策略 |  | 59.00 |

庆活动、筹款活动等）。

- 要保证活动和孩子比较在意的事或者人有关，还要让他把握选择权。如果活动中有至少一个人跟孩子相处得还不错，或者活动本身特别吸引人，相比之下，即便参加活动的人不那么好也不会让他太介意，那么他就可能愿意继续参加。如果参加了好几次，还是不喜欢，那就尊重他的意愿不再去了，再试试别的活动。目标是至少要参加一项活动，但是允许孩子自己决定参加哪项。

- 为孩子参加活动提供方便。孩子参加活动，家长可以接送或者提供交通便利；如果孩子比较腼腆，那就给他找个伴儿一起去；如果一大群人让孩子有点害怕，那就练习一下如何拉近距离、打开局面；还要确保活动主管了解孩子的情况，并且能够对孩子的需求给予回应。

- 指出参加活动的好处。去参加活动可能会让人有一种归属感，不会觉得孤单（尤其是还有其他孤独症青少年也参加该活动的话）。参加活动的人可能会互相关照（比如有健康问题或者感官问题的话），大家还可能会有很多有意思的想法，彼此建立关系网，说不定还有工作或者学习机会，还可能交到新朋友。如果是志愿者活动，孩子可能还会感觉自己是在为社会做贡献，这种感觉很好。参加活动让人有事可做，有助于提高独立生活技能水平，在和他人的互动中巩固社交技能。

- 请社团／活动组织者或者成员主动接触孩子。如果他们愿意在不活动的时候跟孩子见见面，逐渐熟悉，也能让孩子不再那么害怕参加活动。

一旦孩子表示愿意尝试社团活动，那就一定好好试试（不要只去一次就算了，至少去三次，之后再决定要不要继续）。参加活动要有规律，记得提醒活动时间（最好是在手机里设置提醒时间，以免孩子嫌家长唠叨）。如果孩子不用家长提醒自己就记得去参加活动了，一定要予以表扬，鼓励他再接再厉。另外，还需要提醒他们，如果因为病了或者某种原因不能参加活动，要打电话通知活动负责人。如果他们忘了，而通常是因为他们从来就想不到自己缺席的话会有人担心，而不是故意这样失礼的。

以上我们讨论的是如何通过社团活动让孩子参与社交，接下来要讨论的是有关生活安置的长远打算。

## 自立门户，都有哪些形式可供选择？

和很多家长一样，孤独症孩子家长可能也会担心，如果孩子将来不和自己一起住了，会怎么样。在上一章里，我们分析了如何在经济方面支持孩子，但是除了这些，还需要实质性的辅助，帮他们学会处理日常生活中的鸡毛蒜皮。孤独症孩子独立生活，到底是不是可行，要看他们需要多少辅助。因此，要为孩子将来的生活早做安排——多早都不算早。趁家长还在世，朝着这个方向努力，这样就可以让孩子从完全依赖家长，到依赖其他人再到自立，一点点慢慢过渡，不会让他在同一时间既失去父母又失去熟悉的环境，面对双重挑战。接下来我们就看看可以考虑哪些形式的生活安置。

孤独症成年人中，有一半以上是继续住在自己家里或者与其他家庭成员同住，通常有政府补助和临时看护服务（详情请参见本书第 8 章）。离家生活，有很多种形式可以选择。有关孤独症谱系障碍成年人的生活安置，不同的书中提到的形式各有不同，大体上是五到八种，有些名字还不统一。为了避免混淆，我把所有的形式和名字都列在下面，但是至于家庭所在地对此究竟如何定义，还请咨询本地孤独症机构或者服务提供商，这样会更清楚。这些安置形式按提供辅助多少排序，第一个提供辅助最多，最后一个提供辅助最少。

- 社会福利机构。面向孤独症或者发育障碍人士的社会福利机构，可以是国家投资，也可以是个人投资。但是，这种机构正在迅速消失，而且现在更鼓励家庭选择其他形式。出现这种情况是因为，在这些机构里曾经出现过虐待现象，而且现在社会观念普遍倾向于让残障人士进行社区融合。可惜的是，现在符合条件的社区房源太少，不够安置那些过去住在社会福利机构的重度残障年轻人，很多人都已经排队等了好几年。
- 技能学习之家（也称"成人寄养"）。这种安置形式指的是住在别人家里，这家人曾接受过培训，了解在独立生活技能方面如何为孤独症人士提供辅助和指导。所需费用由孤独症机构支付，有时候政府的孤独症人士经济帮扶计划也会对这种项目进行资助。

- **集体之家**。这种安置形式旨在服务多位残障人士（人数不等，少则四位、多则十几位或者更多），这里的工作人员都是接受过培训的专业人员，为残障人士的日常生活事务提供辅助。找这种机构，要找已经安置了一些孤独症人士的，这样的话，对于看护需要注意的方方面面，工作人员都已经有所了解。
- **监护居住**。这种安置形式指的是孤独症年轻人和别人住在一起，这个人主要负责监护，不负责直接辅助。多位残障人士可以共同居住，接受监护。这种安置形式通常由公共基金和私人基金共同资助。有时候，这种形式属于"监护社区"的一部分，一个机构在一个监护社区里可以开设多个监护居住点。
- **监护公寓（又称"辅助居住"）**。这种安置形式指的是孤独症年轻人和其他一些人共同居住，由来自经过培训的机构专业人员每周上门一次或者几次，辅助其处理独立生活事务。孤独症年轻人可以选择各自不同的机构和不同的服务提供商，但是住在同一个屋檐下。
- **互助居住**。这种安置形式指的是孤独症年轻人的居所是几个家庭或者几个人共有的，由一家机构或者几位独立的临时看护人受雇来辅助他们处理居家事务，提供辅助的多少也各不相同，所以在有些情况下这种形式排序还应该靠前一点。一般来说，几个家庭需要创办一家有限责任公司（类似股份公司），以便为这个集体提供责任担保。
- **独立居住**。或者自己住，或者和一个或多个室友住。这种情况下，孤独症年轻人不再需要辅助或者监管，但是也许能从政府领取住房经济补助。

除了住在自己家里或者和其他家人住在一起之外，上述所有形式都需要某种形式的政府补助。您可能已经在经济方面做了安排，但是在生活安置方面，不管您选择的是什么样的形式，只要是需要辅助看护的，一般都需要向社会服务机构提出申请。可以向不止一家机构提出不止一次申请，也可以请家庭医生、儿科医生或者本地的孤独症协会推荐适合自家情况的机构。如果有不止一家机构可供选择，那就打听一下这些机构的信誉如何、有没有服务孤独症（不是其他残障）人士的经验、机构工作人员流动性大不大（如果大的话那就是个不利因素），以及对接客户的工作人员是否固定，等等。

向机构提出申请的时候，不要只说明自家孤独症孩子能做什么、不能做什么，而要重点说明不能独立完成什么（Ozonoff et al., 2002）。举个例子，养活自己，不仅仅是会用餐具就行，还需要学会去商店购物、管钱、花钱、自己做饭。突出强调这些困难，就更有可能获得机构的支持资源。

## 孩子独立生活都需要什么？

尽管孤独症青少年群体当中能够实现完全独立的只有一小部分，但是这依然是众多家庭奋斗的目标。费城儿童医院孤独症研究中心就这一课题出版的专题论文集（2016a，2016b）中指出，要实现独立生活，需要能够处理九类生活事务。这些独立生活技能包括：理财管账（包括银行业务、账单事务以及生活预算）；保持睡眠规律（包括每天上班之前做好准备、收拾好自己）；做饭和吃饭（包括去商店购物、做饭、点餐）；保持身体健康（包括按时服药、保证个人卫生、饮食健康、养成锻炼习惯）；做家务（包括清扫、洗衣服、洗碗、倒垃圾）；使用交通工具，记得跟人约好的事情并按时履约；安排闲暇时间；社交技能（不只是在家，还有在学校、单位）；保证安全（包括使用锁具、烤箱、灭火器以及烟雾探测器）。我自己觉得最后一类还应该加上一条：保护自己远离不怀好意的人。

本书第 3 章曾经提到过，评估生活技能和独立生活技能的问卷有好几种。您可以回去查一下自己当时的回答，按照上述九大类划分一下，看看以自家孩子的情况，如果想要独立生活，在哪些方面还存在困难。想办法解决这些困难，或者是家长和孩子一起，或者是请作业治疗师介入。如果您为了练习这些生活技能、提高孩子的独立生活能力，和孩子做了所有该做的努力，就能比较容易地确定哪种生活安置形式最适合孩子了。

佐诺夫及其同事还强调指出，应该让孩子在需要求助，尤其是在经济事务方面遇到困难的时候有个"可找的人"，即便是打算独立生活的高功能孤独症人士也一样。另外，他们还建议使用视觉辅助提示来帮助有执行功能障碍的人士，这些提示包括：用不同颜色标记邮件，以免漏掉账单通知邮件；用不同颜色标记存档的重要文件；把每周日程写在白板上或者贴在冰箱上；把一次性活动写在便利贴上（贴在冰箱上或者浴室镜子上）。

## 如何确定哪一种生活安置形式最适合自家孩子？

做最优选择不是一件容易的事。哪种形式最适合自家情况，不是那么容易判断的，而且孩子会进步、情况会变化，最优选择也会随之改变。举个例子，最开始的时候您想选的可能是辅助比较多的安置形式，可是后来却发现孩子的独立性越来越强，辅助不太多的安置形式可能更适合他。还有可能您和机构一起安排了看护辅助，结果却发现有家人主动提出可以帮忙。另外，社会观念也可能会发生变化。前文曾经提到过有一种趋势，不再将孤独症成人安置在社会福利机构里，而是倾向于让他们更多地参与社区融合（Pavlides, 2011）。可惜的是，这种安置形式的发展还不够快，赶不上这些机构的关停速度，所以排队的人很多。由于上述原因，可能再过几年，您还得和孩子重新考虑选择哪种生活安置形式。

请注意我的措辞，说到选择安置形式的时候，我说的是"和孩子"，而不是"为孩子"。这个区别很重要，因为孤独症人士本人必须参与决定过程，不管他们的程度如何。对于程度一般的孤独症人士，给他们解释这些安置形式的时候，可能需要简单一些，但是还是需要给他们机会表达自己的意愿，并且对这种意愿给予尊重。如果孩子在选择环境的时候有发言权，就会更愿意迎接在这个新环境生活所带来的挑战。

对于孤独症人士来说，适应变化是非常困难的，所以除了继续在自己家里住之外，提到其他安置形式的时候，措辞都应该正面一点。举个例子，您和孩子讨论搬出去住的时候，可以对孩子说这是"毕业"了，不再需要家长的监督了，这是独立的标志，是正式迈出的一步。为了缓解孩子的焦虑情绪，家长要让孩子放心，尽管不住在同一个屋檐下，还是会定期和他联系。在有些情况下，家长可能需要指定孩子在新住所所需的看护级别，但是关于新住所的地点，可以给孩子一些选择权。让他们自己做主选择地点，这对孩子的自主权是一种尊重，也是一种鼓励。如果孩子反对搬出去住，设法找出反对的原因，想办法应对，并且给他时间去消化。如果孩子觉得自己已经做好准备，而不是被迫离开，那么搬出去自立门户就更有可能成为一次成功的体验。

除了孩子个人的意愿和喜好，还有其他几个因素需要考虑，包括：

- 在日常生活事务和因教育、就业、社交以及医疗原因必须参加的活动中，孩子需要什么程度的监管/辅助。这个因素一般不是那么容易判断的，所以我们在下一章节还会深入讨论。
- 是否能够找到愿意接受孩子同住的家人或者朋友。尽管家长可能觉得让熟悉的人介入更为放心，但是也可能有不利因素（后面会讨论），所以选择这种形式要谨慎。
- 新住处的花费。不但包括独立生活的常规开销（租金、吃饭、水电气等），还包括支付给提供监管或者辅助的人的费用。前文曾经提到，可能需要社会服务机构的参与。家长要和机构一起讨论孩子的需求以及相关费用，之后再签合同，然后再搬家。
- 是否能够找到合适的住所。很多地方的情况都是这样的，有很多孤独症年轻人在等着监护居住或者辅助居住，但是资源却没有那么多。因此，一旦确定自家孩子适合什么样的安置形式，孩子自己也接受的话，就第一时间去申请排队。
- 新住所的位置需要离家近一点。有些孤独症年轻人之前很少离开过家，所以最好住得离家近一点，至少刚开始的时候近点。如果离家太远，会引发他们的焦虑情绪。

- 看护人应该比较熟悉，不能频繁更换。除了费用之外，这一条也是需要明确，之后才能与机构签订合同。换了看护人以后，有些孤独症年轻人会特别容易焦虑，所以，那种让客户跟不同的工作人员对接的机构，任何情况下都不适合。
- 除此之外，家长还应该考虑自己的偏好。

在某些情况下，必须在一些方面做出取舍和让步。要找到一个价格合理、离得很近、马上就能入住、看护人又熟悉、还不会频繁更换的地方，也许不太可能。那么就要看看，哪些因素对于家长来说是最重要的，哪些因素对孩子来说是最重要的。举个例子，如果您还能在家里多照顾孩子一两年的话，就可以选择排队，等一个理想的安置形式。如果您觉得在家照顾孩子越来越困难了，那么不是特别理想的可能也行。如果孩子之前有过离家住的经验，他可能愿意找个离家远的地方，但是可能非常在意看护人会不会频繁更换。还有的年轻人可能正相反。只要家长和孩子都觉得某种安置形式比较舒服，那么这些权衡取舍就都是合理的。

## 如何判断孩子需要什么程度的辅助？

回头复习一下前文提到的九类生活事务。对照每一项，问问自己孩子达到了什么程度：是能够完全独立完成，还是需要提醒（即便是电话或者邮件也算提醒）；是需要监督（也就是说需要有另外一个成人在场），还是需要辅助，或者根本不能完成。然后再想想这项生活事务需要多久做一次（每天都要做，还是每周或者每个月做一次就行），把结果填在表 10.1 里。

如果您对有些事务还拿不准的话，可以留心观察自己和孩子的互动，大概一个星期之后，就能确定需要多少辅助了。很多家长会自然而然地替孩子做一些事，自己都意识不到，除非是有意识地注意自己在做什么。

这个时候再看看这个表，大部分事务是集中在哪个区域。在左上角越集中，孩子需要的辅助就越多。如果有许多事务都需要监督或者辅助，而且这

表 10.1 完成独立生活事务所需的辅助

| | 每天 | 每周 | 每个月或者更长时间 |
|---|---|---|---|
| 不能完成 | | | |
| 需要辅助才能完成 | | | |
| 需要监督才能完成 | | | |
| 需要提醒才能完成 | | | |
| 能独立完成 | | | |

些事务还需要经常做（每天或者更频繁），那么孩子可能就需要在有人监管的环境，比如集体之家或者成人寄养。如果需要监督或者辅助的事务不太多，或者不太需要经常做，那么监护居住或者监护社区可能就比较适合。如果需要监督或者辅助的事务很少，只是每周或者更长时间才需要做一次，那么可能只需要工作人员定期上门就够了（即辅助居住或者互助居住）。如果不需要监督或者辅助，只是需要提醒，那么家人用手机或者发邮件就行，或者孩子自己能使用视觉提示，或者在手机里设置提醒，在这种情况下，独立生活就有可能实现。

表 10.2　贝弗莉完成独立生活事务所需的辅助情况

|  | 每天 | 每周 | 每个月或者更长时间 |
| --- | --- | --- | --- |
| 不能完成 | ·不听睡前故事就睡觉 |  | ·给不熟悉的人打电话（比如公用事业公司） |
| 需要辅助才能完成 |  |  | ·付账单<br>·计划预算<br>·乘坐不熟悉的公交车 |
| 需要监督才能完成 |  | ·银行业务<br>·用烤炉/烤箱做饭<br>·点餐<br>·洗衣服 | ·梳理工作中的人际关系问题 |
| 需要提醒才能完成 | ·按时起床<br>·服药<br>·乘坐熟悉的公交车<br>·安排闲暇时间的活动<br>·上班前收拾包 | ·去游泳<br>·清扫<br>·倒垃圾<br>·记住和别人约好的事情并按时履约<br>·打电话或者发短信与人交流 | ·检查烟雾探测器和灭火器<br>·购买女性卫生用品 |
| 能独立完成 | ·按时就寝<br>·打理个人卫生<br>·洗碗<br>·锁门 | ·简单交易<br>·用微波炉加热食物 | ·避免与不怀好意的人互动 |

表 10.2 是一位孤独症谱系障碍女生贝弗莉的生活事务所需辅助情况。从表中可以看出，很多生活事务她都可以在提醒下完成，或者不需要提醒就能独立完成，这说明她的程度相对不错。有人帮忙的情况下，她可以把要做的事情在手机里设置好提醒，这就进一步提高了她的独立生活能力。她有睡眠问题，不听睡前故事就睡不着，就给她提供了有声书。最开始的时候，她不太满意，说有声书不如人读得好，不过最后也慢慢接受了。到了这一步，需要监督或者辅助的事务就剩下那些每周一次或者更长时间才需要做一次的了，那么工作人员定期上门看看就可以完成，所以给她安排的是监护公寓，和另外两个女生同住。本地一家孤独症机构的工作人员每周上门一次帮助她们。

最开始的时候，机构是安排固定的工作人员对接贝弗莉的，这一点很好。可惜的是，这家机构工作人员的流动性太大了，后来每周都是不同的工作人员上门服务。贝弗莉觉得这一点让她很不舒服，她需要固定的工作人员和她对接，而且有些事情（比如银行业务或者工作问题）需要对她的具体情况非常熟悉才行。尽管她的程度很不错，最后她的父母还是给她另找了一家成人托养。在那里，看护比较稳定，她还能得到更多的帮助来提高自己的独立生活能力。贝弗莉不再难过，也取得了更多的进步。这个案例表明，花时间尝试新的生活安置形式、评估其效果，并且在需要的时候进行调整，还是值得的。

## 让孩子与家人同住怎么样？

家人之间彼此照顾、尽心尽力，很少有外人能做到这个程度。但是，让孤独症谱系障碍年轻人与家人同住，既有好处也有坏处。好处是家人确实会比较尽心，对孩子的古怪行为比较熟悉，对他们更有耐心，而且可能会比父母更加放手，让孩子尝试克服困难独立做事。作为父母，我们已经习惯了帮残障孩子做某些事，即使已经没有必要。坏处是有时候家人之间有很复杂的感情纠葛，有可能会波及孤独症谱系障碍孩子，造成与他的冲突。兄弟姐妹之间的关系尤其不好处理，本书第 11 章将对此进行专门讨论。在严重的情况下，孤独症人士甚至可能会遭到经济上的剥削或者身体上的虐待。反过来的情况也有，孤独症人士可能会表现出攻击性行为或者其他不符合社会规范的行为，让家人难以招架。在情绪激动的情况下，比如父母过世的时候，这些问题会表现得尤为明显，所以要提醒家人这种可能性。

和所有生活安置一样，准备工作是关键。一定要给准备照顾孤独症人士的家人备好一个联系人名单，这些联系人都是参与个案对接的，或者曾经参与过的。尤其要注意的是，一定要明确，万一孤独症人士出现重大身心健康问题，或者丢工作了、长期对接的辅助工作人员走了，或者出现其他潜在危机的时候，他可以与哪些人取得联系。另外，有哪些独立生活事务，孩子到现在还不能独立完成、需要有人替他做的，也要一一列出来。双方有哪些希望和要求，都要开诚布公地说出来，一起讨论。对方对于孤独症人士有哪些要求？比如做哪些家务、给家里交多少钱以及家里有什么规矩等。同住的家人能给他们提供什么样的辅助？为了避免出现争端，一定要趁家长还在世的时候，或者是在遗嘱中，保证对于照顾孤独症人士所付出的情感、生活、经济成本予以某种形式的补偿（详情请参见本书第9章对此问题的详细讨论）。最后，不要等到火烧眉毛了才开始准备，要提前试验这种形式是否可行，这样，双方才能了解这种形式的效果怎么样，如果需要的话还可以考虑替代方案。要制订备选方案，以防所选的安置形式出问题。

## 孤独症人士能结婚吗？

很多孤独症人士能够恋爱约会（本书第7章曾经讨论过），但是只有一小部分能结婚，而且一般来说都是谱系中程度比较好的那部分。这种情况很大程度上是因为孤独症会导致很多困难，这些困难让他们难以维持长期关系。主要困难包括：他们很难进行情感上的沟通；经常在兴趣爱好方面投入大量时间，而且他们的兴趣很特别，和另一半很难产生共鸣；经常非常教条地坚持某种规律或者程序，很容易导致矛盾冲突；另外，他们的感官非常敏感，也会导致一些问题（比如讨厌别人碰自己）。如果两个人在一起住，智力或者执行功能方面的缺陷还会影响到实际生活的方方面面，造成更多的问题。比如，忘了付房租，记不住或者找不到账单，这对任何年轻情侣来说都会造成麻烦。不过，如果能有机构或者其他成人持续辅助的话，那么这些实际问题都可以得到改善。通常来说，更大的困难在于感情不和谐。

有个谬论很常见，认为孤独症人士之间相处总是比较融洽。有些时候，孤独症人士确实会觉得，只有同病相怜的人才会更理解彼此的感受，但是有些时候两个人的需要也会产生冲突。比如，一对孤独症情侣，可能各自都有非常强烈的兴趣爱好，需要投入大量时间。周末，一个人想要玩彩弹射击对抗，而另一个想去博物馆，满足自己对埃及学的热爱。对于某些规律、程序或者在意的东西非常教条，也会导致一些问题。一个还像小孩一样喜欢万圣节糖果，一直在坚持收集这些东西，另一个却可能认为万圣节是"家庭时间"，晚上必须要一起看恐怖电影。如果两个人的社交技能都比较欠缺，就很难解决这些矛盾。

不过，即便另一半是普通人，也不见得就容易多少。就算他们能接纳孤独症人士的"怪癖"，可能也很难爱上一个经常在情感上表现得很疏远甚至淡漠的人。举个例子，像过生日或者纪念日这种特殊日子，计划好了庆祝一下，这在绝大部分普通人看来是自然而然的事情。但是孤独症人士可能就意识不到对方希望这样过，或者可能到了当天才想起来这些。在有些情况下，这种关系可能有点不平等，普通人一方有点像是导师或者家长。长期下去，这种不平等就会引起摩擦。

您可能对这些问题很担心，但是又不想对孩子的感情生活干涉太多。如果孩子的程度不错，而且双方都在很认真地对待这段感情，那么推荐一两本这方面的书可能会有帮助。现在已经有一些关于高功能孤独症人士亲密关系的书出版了，有从孤独症人士的角度写的，也有从他们伴侣的角度写的，还有两者角度都有的（比如本特利2007年写的书）。

如果孩子的程度比较一般，或者不愿意看书，那就建议他们慢慢发展关系,"一步一步来"。很多孤独症人士希望自己有个男朋友或者女朋友,不管将来能不能成为一辈子的伴侣。当孩子向您谈到有可能发展的感情时,即便只是处于初级阶段,就像本书第 2 章里亨利那个"未来女朋友"一样,也要抱着支持的态度认真倾听。刚开始谈恋爱都会有点笨手笨脚不知所措,要让孩子明白这些都是正常的,就算普通人多多少少也会这样。应该表扬孩子,能够有勇气去尝试发展一段感情。除非孩子主动征求您的建议,或者您看到孩子因为在社交方面出了错而感到非常痛苦,否则不要发表意见。学会照顾对方的感受,学会随机应变、协商让步、把握感情分寸、不让对方觉得不舒服,信任对方、把对方往好处想,所有这些都是维系感情的必修课,都有可能让孤独症人士觉得很难。保持沟通渠道通畅,关注事态进展,最终时间会证明一段感情是否值得承诺。

正如本章所讨论的那样,孤独症年轻人会发现,自己生活的这个社交世界里有朋友、有伴侣、有家人、有专业人员,还有各种社团,让人眼花缭乱。帮助他们在这个世界里找到自己的归宿,是非常有价值的事情,但是也很艰难。本书最后一章将分析孩子的社会适应程度会对家长和其他家庭成员产生什么样的影响,以及如何提高抗挫折能力。

## 拾贝 · 宝典

**高中毕业之前**

- 帮助孩子基于现有的社会关系扩大社交圈子并保持联系,即便其他方面的困难看起来好像更亟待解决。之后,提醒孩子与社交圈子定期联络,直到孩子自己记住为止。
- 孩子失去朋友的时候要给予情感上的支持,让他明白有这种经历是很正常的事,带给他一些希望,相信下一段友谊可能会更好。
- 以身作则、带头参加社团活动,把活动和孩子在意的事情联系起来,

- 指出这些活动的益处，为孩子参加活动提供交通便利，教孩子如何拉近关系、打开局面，请社团成员主动接触孩子，通过所有这些方法帮助孩子与社团建立联系。
- 当孤独症孩子谈到亲密关系的时候，抱着支持的态度认真倾听，建议他们慢慢发展关系，"一步一步来"，边谈边学；高功能孩子还可能从相关书籍中有所收获。

## 高中毕业之后

- 继续参加非常感兴趣的活动以便巩固从前的社会关系，从这些活动中开发新的社会关系，在熟悉的集体中开发新的活动，通过参加新的活动加入新的集体，通过这些方式保证社区融合。
- 坚持参加社团活动，形成活动规律，参加活动要表扬，缺席活动要请假。
- 孩子将来需要何种生活安置形式，可以慢慢过渡，逐渐提高生活自理能力，避免在家长去世时突然做出安排。
- 可以考虑的生活安置形式有：住在家里、住在社会福利机构、集体之家、成人寄养（又称技能学习之家）、监护居住、监护公寓（又称辅助居住）、互助居住以及独立居住。
- 如果需要的话，重点强调什么活动是孩子无法独立完成的，以此来争取机构的辅助资源。
- 尽一切努力提高孩子的独立性，之后再决定将来选择什么样的生活安置形式，做好思想准备，每隔一段时间重新评估权衡一下。
- 选择安置形式的时候，要考虑孩子的喜好、家长的喜好、所需费用、所需辅助的级别，还要考虑有没有家人或者朋友愿意提供帮助、有没有合适的居所、离家近不近、需不需要固定看护人。
- 要判断孩子离家生活需要什么程度的辅助，还要考虑有多少生活事务孩子无法独立完成、有多少需要辅助或者监督，以及这些事务需要多久做一次。
- 如果孤独症人士将来要和家人住在一起，不要等到火烧眉毛了才开始准备，要提前试验这种形式是否可行，并且要列出重要联系人的名单，要讨论孩子在完成各种生活事务时所需的辅助，以及双方在生活中对彼此的要求和期望。

# 第 11 章

# 保持韧性、理性务实、不要绷得太紧

对于所有的孤独症谱系障碍孩子家长来说，转衔过渡阶段就好像是一段漫无止境、前途未卜的旅程，而且还经常让人很没有成就感。随着孩子渐渐长大，在成人的世界里有了自己的活法，最初的规划可能不得不三番五次地修改，孩子需要适应，也需要来自家长和其他家人的辅助。在这个过程当中，家长自身的健康以及夫妻关系可能都会受影响。家里其他孩子可能也会受到伤害，怨恨孤独症孩子，觉得他们的要求太多。家长和其他家庭成员都有可能感到身心俱疲，这是一种很危险的状态，对孤独症孩子的发展也非常有害。

为了避免这种不幸的情况发生，本章将会帮助家长发现自己和家人（配偶、家里其他孩子、孤独症孩子）的压力预警信号，之后讨论一些有助于克服负面心态的实用策略和积极正念。这样可以帮助家长回到既保持理性又不放弃希望的状态，也有助于孤独症孩子和其他家庭成员恢复元气。

## 转衔过渡是整个家庭的事

本书自始至终都在强调，无论是对于孤独症青少年本人，还是对于他们的家人，转衔过渡阶段都是一段非常艰难的旅程。家里有人经历艰难、痛苦挣扎的时候，家人们最初的反应一般都是团结在他周围并给予支持帮助。不过，如果这种艰辛不是一年两年而是经年累月的时候，家人们往往会逐渐散去，回归自己的生活。但是，有些父母却是例外：不想放弃，依然坚守，并且为此搭上了自己的幸福。而其他家庭成员，可能非但不钦佩他们的坚韧，反而心生怨恨，觉得他们天天围着孤独症孩子转。而这个孩子，在他们眼里，就是整个家庭的负担。

如果您家里也是这样，那么就有可能面临一场重大的家庭冲突。但是，在孩子碰到困难的时候，父母围着他转，几乎是不可避免的事情。而且，您可能会觉得问题不在于这个孩子是不是负担，而是一方面要照顾孩子的合理需求，一方面还要应付日常生活中的负担，这实在是很难。因此，您可能会觉得有必要在其他家庭成员面前维护这个孤独症孩子，但这反倒会让他们更加怨恨，导致矛盾升级。您的另一半和其他普通孩子可能会觉得自己受到了忽视，或者觉得您是在要求他们承担本不属于自己的家庭责任。这个时候，如果还要面对其他压力，比如工作方面的、家庭经济方面的，或者维持家用开销，而且（有些情况下）还需要照顾自己已经年迈的父母，也难怪您会觉得受不了了！

如果您正身处这种困境，找找有没有临时看护（详情请参见本书第8章）、家庭咨询，或者两者都找、双管齐下。不过，最重要的是，要及时察觉自己快被压垮了的迹象，并且想办法去应对。有句话听起来有点老套，却是事实：只有照顾好自己，才能照顾好别人。

## 如何察觉自己要被压垮了？

一边帮助孤独症孩子度过转衔期，一边承担很多家庭重担、处理无数工作上的事务，这些压力可能会让您难以承受。下面是一些常见的预警信号，表明您可能要被压垮了。

- 习得性无助。觉得反正自己再怎么努力也是徒劳，所以不想再努力解决问题了，觉得没有意义。人在接二连三遭受打击的时候常常会出现这种感觉。
- 自我介绍从来都是"某某的妈妈"，这里的"某某"是孤独症孩子。

这说明，在您的生活中，除了与孤独症孩子有关的东西，其他方面您可能已经不在意了。

- 您自己的社交能力和共情能力都在下降。举个例子，您可能发现自己一天到晚牵肠挂肚的只有孤独症孩子，以至于有朋友痛失亲人您都忘了去关心。
- 动不动就"炸毛儿"。也就是说，可能会因为一点点小事就没完没了地冲朋友和家人发火。这可能是把自己在孩子身上的挫败感迁怒到了周围人身上，就是逮谁冲谁来。
- 不再开怀大笑，也不再享受简单的快乐了。
- 除了帮助孤独症孩子，生活中很少有其他有意义的事情。
- 对于孩子的状况总是感到内疚。埋怨自己的基因不好，后悔自己没带好孩子，怪自己没能力改变现状，反正只要是孤独症孩子的家长，总能找出点让自己内疚的事来。
- 总是对未来感到焦虑，或者出现与焦虑有关的躯体症状（呼吸急促、心跳加速、高血压、食欲减退或者暴饮暴食、滥用药物、酗酒等）。

以上表现如果您占了两三条的话，可以试试后文讨论的一些有益活动或者态度，看看能否有所改善。如果占了三条以上，就应该去医院看看，是不是出现了心理健康问题（比如抑郁或者焦虑）需要治疗。没有什么难以启齿的，孤独症孩子家长的抑郁和焦虑水平高，是很普遍的现象，您不是一个人在战斗！

## 有助于缓解无力感的活动和态度

先想办法看看能不能扭转上面列出的那些表现。比如，刻意去做一些让自己放松或者以前很喜欢的事情，即便您已经不相信自己现在还会喜欢这些事情。再比如到大自然里走一走，这种做法已经证实对很多人有效，可以降低应激激素水平，还可以降血压。对于有些人来说，把以前喜欢的事情捡起来，可能更让人高兴。如果经常感到焦虑，冥想或者瑜伽也许值得一试。还有些人觉得，努力为孤独症群体争取权益有助于消除自己的挫败感，不过选择这个方法的时候要谨慎。因为如果太过投入，很容易变成一份兼职工作，甚至是全职工作。

不管您选择的是什么活动，安排日程的时候都要保证"先顾自己"。换句话说，要先给自己留出一些做放松活动的时间，之后再安排开会、履行约定或者做其他事情。按照"先顾自己"这个原则，您还有时间找人在您参加活动的时候帮您照看孩子，如果需要的话。

如果您总是遭遇失败，那么试着退后一步，了解更多信息，之后再投入战斗。想想有没有什么人的建议让您觉得很有价值，找他们谈谈。想想要不要做个专业评估，让您更清楚孩子的状况，根据评估结果给孩子设定目标。之后，您就可以重新恢复乐观心态，继续帮助孩子进步，因为您知道比起过去，现在这些努力可能更有收获。

尽量保持正常的社交联系，不仅是为孤独症孩子做榜样，也是为了保持自己的心理健康和社交能力。跟朋友聊聊，除了聊孤独症孩子，也聊聊其他感兴趣的东西，听听他们的烦恼（而不是只沉浸在自己的痛苦里），不要再自我介绍说自己是某某的妈妈。朋友之间都是互相扶持的，你愿意帮助朋友，朋友才更有可能帮助你。另外，一定要注意，不要总是请朋友帮忙临时照看孤独症孩子或者是帮其他的忙，这样可能会让朋友慢慢疏远您。把圈子扩大一点，争取更多愿意提供帮助的人，这样就可以轮着来，不会总折腾某一个人。

反过来，有些无聊或者烦人的社交活动，想拒绝就拒绝，尽管有人会暗示说您应该参加，也不要觉得不好意思。您承担的义务已经够多了，最不需要的就是承担义务了。给自己一点自由，只关注那些最重要的事情和人就好。如果您觉得和家人去乡间钓一天鱼比去教堂参加活动更能让您恢复活力，那就去钓鱼。远离那些让您觉得内疚的人。

再去面对和孤独症孩子有关的事情时，要记住，您不必马上做好所有事情。每次设定一两个目标就好，目标不要定得太高，一旦达成，就庆祝一下，之后再向下一个目标努力。成长不是一场竞赛，孩子每前进一步就给他一点鼓励，不要拿他和别人比。不要用力过猛，只要坚持不懈地努力，再加上经常性的表扬和鼓励，长此以往就会看到效果。

应对无力感的时候，除了行动，态度也很重要。下面是一些有益的思维方式：

- 孩子是否进步，不是家长能够完全把握的，家长要接受这一点。孩子最终的发展，除了家长的因素，还取决于他自己、周围人以及环境。家长要相信，从长远来看一切都是顺其自然的，该怎样就会怎样。
- 接受自己的局限。自己的时间、精力还有金钱都是有限的，要知道什么时候应该求助他人或者喘息一下。
- 接受未来不可预知。要做长远打算，但是也不必陷进去出不来。要相信自己，相信孩子，不管发生什么，都能应对处理。同时，尽量过好当下的每一天。如果觉得很难做到，可以进行一些正念练习，培养这种"活在当下"的能力。
- 不为过去的事感到自责。以您当时所了解的知识，您已经尽己所能做到了最好。
- 孩子小的时候，您可能想象过他会长成什么样，或者想象过他是个"正常"孩子，现在愿望无法实现了，您可以为此感到悲伤。但悲伤过后，请为他前进的每一步心怀感恩。
- 感恩曾经和孩子一起得到过的那些帮助，不要在意是多是少、够不够好。
- 不因为眼前的问题指责孩子、埋怨家人或者专业人士，如果您自己都觉得他们不能带来建设性的转变，指责埋怨又有什么用呢。如果他们能，就给他们鼓励。
- 想一想孤独症孩子教会了您什么。看着他们那么勇敢地面对自己的困难，我们也能更好地面对自己的弱点。
- 偶尔自嘲一下。

## 关心另一半

作为一位单亲妈妈，有个孤独症孩子，还正处在转衔过渡阶段，有时候我也会抱怨实在是太难了，但是看到朋友夫妻俩抚养着孤独症孩子，我就没什么可抱怨的了。

家有一个或者更多孤独症孩子的家庭，离婚率普遍高于平均水平（Bennie，2016），即便没有离婚，夫妻之间的冲突也比养育普通孩子的家庭更频繁、更严重，而且无法调和（Hartley et al., 2017）。考虑到养育孤独症孩子需要耗费的体力、精力等，这些现象也没什么好奇怪的，因为您可能确实没有多少精力留给自己的另一半和其他家庭成员。再算上自我调整的时间（在上一节中讨论过），留给家庭的时间确实就更少了。另一半可能也会觉得自己的付出没有得到认可，因为您在照顾孤独症孩子的时候，他也在料理着这个家的其他重要事务。孤独症的康复治疗费用增加了家庭经济负担，尤其是夫妻一方为了有更多时间照顾孩子辞了职或者减少了工作，更是会让这个家的经济状况雪上加霜。双方对于孤独症孩子的想法不一致，可能会让他们的关系更加紧张。还记得本书第 1 章中提到的罗伯特家的例子吗？罗伯特的妈妈觉得孩子应该去上一所很贵的职业学校，爸爸却觉得孩子就是太懒了，需要督促一下。家长之间的这种分歧并不少见。孩子处在转衔过渡阶段的时候，您可能还会和其他认识的夫妻攀比，人家现在成了"空巢老人"，孩子都已经长大成人自立门户，家长有时间游山玩水或者重新找回年轻时恋爱的感觉。考虑到孤独症孩子能完全独立生活的少之又少，这种奢侈，您和另一半可能永远享受不到了。所有这些因素都会让婚姻关系和长期关系变得复杂起来，尤其是在孤独症孩子遭遇困难的时候，情况就更为复杂。

如果婚姻明显出现了问题，就去做个婚姻咨询。哈特利及其同事（Hartley et al., 2017）曾经提出，婚姻治疗[①]以接纳和改变为基础，可能特别适合孤独症孩子家长。这种疗法强调的是，对于与孩子有关的那些困难，有些是不大

---

[①] 译注：婚姻治疗（marital therapy）又称婚姻疗法、夫妻疗法，20 世纪 60 年代以来发展起来的一类心理治疗类别。

可能改变的，还容易引起分歧，那就去接纳；而对于那些能改变的，就共同努力去改变。同时，还鼓励夫妻之间要接纳和理解不同的观点。

如果您的婚姻问题还没有那么严重，不想花那么多时间去做可能很贵的婚姻咨询，但是还想解决问题，可以尝试下面这些简单的建议：

- 定期感谢另一半，还有为这个家做了贡献的家庭成员。
- 责任分担，不要让其中任何一方承担太多的家庭责任，因为时间久了会滋生怨愤。家庭成员要像团队一样共同合作。
- 如果自己在孤独症孩子身上花了太多时间，对此要有所察觉，这会让另一半心生怨言，自己应当对此表示理解。
- 尽量做出调整，分出来一些时间，照顾到其他家庭成员的需要。
- 找时间和另一半沟通、修复彼此的关系，即便只是周末一起喝咖啡也可以。
- 认可并接纳双方在沟通方式上存在的差异。比如，您希望另一半安安静静地听您诉说烦恼，但是如果对方是那种以解决问题为中心的人，可能就会忍不住支招，而您并不想听到什么建议。反过来也一样，您希望对方帮您想办法的时候，他可能只会安安静静地听着。
- 认可并接纳双方在关于孤独症孩子看法上存在的分歧。就拿罗伯特家的例子来说吧，爸爸妈妈的想法都有可取之处：很多孩子就是既需要辅助（就像妈妈提倡的那样），又需要鞭策（就像爸爸坚持的那样）。唯一不妥的地方就是，不应该对孤独症人士进行侮辱性的评价（在这个案例中，是指说罗伯特"懒"）。这样的评论从来都不会有任何帮助，而且是不能接受的。
- 如果工作或者生活方式由于孤独症孩子出现了变化，要给家人一些时间去适应。比如，如果夫妻一方为了照顾孤独症孩子不工作了，那么他（她）在家里的时间会长一些，要给其他家庭成员一点时间去适应。他（她）自己的生活也不像以前那么规律了，也需要时间去适应。

- 争取直系亲属之外的支持和帮助，包括临时看护。争取扩大"亲友后援团"，以免总折腾某一个人。

如果试了上述这些办法，还是感觉非常痛苦，那就重新考虑要不要做婚姻咨询。父母平和关爱、始终如一，带给孤独症孩子的好处不亚于任何专业干预。努力和另一半一起为孩子打造这样的养育环境。

## 如何帮助家里其他孩子面对这些问题?

由于遗传以及家庭气氛等方面的原因，孤独症孩子的兄弟姐妹也会面临一些挑战（Ross & Cuskelly, 2006; Walton & Ingersol, 2015）。这些孩子有部分基因与孤独症孩子相同，所以，他们是学习障碍、心理健康问题、亚临床孤独症特质（比如非常内向、性格比较教条或者过于痴迷某些兴趣爱好等）的高发人群。在家里，他们的情绪体验也非常复杂。可能会嫉妒，因为家长陪孤独症孩子的时间比较多（有时候会导致他们故意做出某种行为以吸引注意）；可能会沮丧，因为孤独症孩子也不和他们亲近；还可能会气愤，因为家长对孩子们的要求不一样，没有一碗水端平。他们想保护这个孤独症孩子，可是看到别人对这个孩子的反应的时候又会感到难堪，自己对这个孩子不好的时候又会感到内疚，看到家长因为这个孩子不堪重负的时候又很担心，想到将来照顾这个孩子的责任可能会落到自己身上，或许还会心生怨恨。举个例子，罗伯特的小弟弟（详情请参见本书第1章）就很嫉妒哥哥的生活方式，自己必须去上学而哥哥却可以待在家里，他就觉得很不公平。而丹尼斯的妹妹（详情请参见本书第6章）就很心烦，怕姐姐在同龄人面前让她难堪，因此对姐姐的态度越来越凶。

另外，随着孤独症孩子进入转衔过渡时期，其他孩子可能也进入了这个阶段，也一样需要支持。两个孩子同时都需要支持，要分个谁先谁后可能确实很难。比如，孤独症孩子要做心理评估，而恰好在同一天，普通孩子要搬到大学去住，您会陪谁呢？应该优先照顾谁的需要呢？

如果家里有不止一个孤独症孩子,在这个特殊时期,就更是难上加难。两个孤独症孩子同时面对这么重大的变化,同时都在痛苦挣扎,结果可能是两个人都出现了最糟糕的状态。孤独症孩子之间的冲突可能会加剧,甚至会导致他们互相攻击或者攻击家长。如果家里出现了这种情况,一定要请外援。

但是,也有些孩子会勇敢面对挑战,选择和发育障碍的兄弟姐妹住在一起,变得比同龄人更有爱心、更有同情心、更加独立或者更加宽容,甚至还有人选择了与发育障碍有关的职业,希望能够改善那些人的生活,因为他们和自己的兄弟姐妹一样,面对着同样的困难。本(详情请参见本书第9章)就是这样的一个人,他和另一半后来给了自己的孤独症兄弟迈克尔一个家,还帮助迈克尔处理他自己完成不了的事情。

是什么原因让这些人能够超越自身利益、去为孤独症兄弟姐妹谋福利呢?这个问题还没有明确的答案。这其中可能有性格特质的原因,但是家长的做法可能也起到了作用。有些可能有益的做法包括:

- 认可其他孩子的感受,不评价是非对错。如果孩子表达不出自己的感受,您可以这样说,"你看起来有点沮丧"或者"你好像不高兴",之后问他"发生什么事了?"从他的表情或者是最近发生的事推断他的感受,然后想办法解决问题。如果解决不了,先表示认可,同时提议一些方法应对负面情绪。

- 尽量保证给每个孩子的都是他们最在意的,尽管以时间或者金钱来衡量的话,并不完全平等。给他们解释平等(也就是50%对50%,对等平分)和公平(也就是根据每个人的需要和能力来保证公正)的区别,并且尽量做到一碗水端平。

- 不要对孤独症孩子的不当行为视而不见,尤其是影响到其他孩子的时候。孤独症孩子表现出不当行为的时候,家长"如履薄冰、小心翼翼"地不敢干预,并不会有助于孩子为将来面对这个现实世界做好准备,而且还有可能会让其他孩子觉得父母太过溺爱这个孩子。所以,对于这些行为,要给予正确的回应。

- 一起外出或者活动，要选择大家都喜欢的，大家一起开心地玩。
- 请临时看护，让自己有一些和其他孩子单独相处的时间，充分利用这段时间。尽量让孩子看到他们对您有多重要。
- 对孤独症孩子的感情和忧虑，不必向其他孩子隐瞒，但是要跟他们说清楚，这是大人的事，这样他们就不会觉得有负担。
- 倾听他们的想法，一定、一定、一定要做到。孩子的角度很可贵，而且也许跟家长有所不同。
- 跟其他成人或者家长互助组织聊聊发生在其他孩子身上的事。大家一起集思广益，有时候"三个臭皮匠赛过诸葛亮"。

如果用了上面这些办法，家里还是鸡飞狗跳，那就考虑做家庭咨询，或者找找有没有孤独症孩子兄弟姐妹互助组织。个案经理或者本地的孤独症机构也许知道您所在的地区有哪些资源。

## 孤独症孩子在家里的角色定位和心理弹性[①]

这一章写到这里，家里每个人都谈到了，唯独没有谈到孤独症孩子。这么做的原因，是想突出其他家庭成员的看法，看看他们对于孤独症孩子在转衔过渡阶段碰到的困难是怎么想的。不过，孤独症孩子自己对于家庭的看法可能也会随着转衔过程发生变化。

在这段时间里，高中时熟悉的朋友们都各奔东西，而新的友谊还没有建立，所以家庭关系对他们来说可能变得尤为重要。面对着升学、就业的压力，或者因为不再上学，生活失去了规律，这些都会引发孤独症孩子的焦虑情绪，常常让他们转向家庭，把这里当作安全的港湾。简单来说就是，在这个重要的人生路口，家长对于孩子越发重要。

而家长也很难把握平衡：一方面，需要让孩子感觉自己在家里永远都是安全的；而另一方面，还需要温柔地鼓励孩子尝试离开家的生活，这样他才

---

① 译注：心理弹性（resilience），心理学术语，即抗挫折能力。

能在成人世界中发现更多的机会。前文曾经提到，家长可能还需要关照家里其他孩子，因为他们可能也正处于转衔过渡阶段。而且对于普通孩子和孤独症孩子，既让他们有安全感同时又鼓励他们独立，家长在这两者之间需要掌握的平衡度可能还不太一样。

有些孤独症孩子会很消极地看待这种区别，因为和兄弟姐妹一比较，他们的能力局限一下子就显出来了。他们还可能看得出来家长在多么辛苦地帮助他们独立，进而担心自己是个累赘。如果夫妻之间对于如何帮助他们度过转衔过渡阶段存在分歧，孩子还有可能会感到非常困惑，因为这些矛盾信息会让他们不知道到底怎么做才是对的。

有些孤独症孩子表现出较强的心理弹性——从逆境中恢复元气的能力——他们在面对这些困难的时候会过得稍微容易一点。从某种程度上讲，本书每一章都帮助家长学到了一些提高孩子心理弹性的方法。不过，如果您还想进一步培养孩子的抗挫折能力，也有人推荐过一些重要理念（Purkis & Goodall, 2018）。这些理念包括：接纳孤独症孩子本来的样子，而不是总想要"改造"他们；信任他们，相信他们有不可思议的潜力；让他们觉得家是安全港，他们回到这里可以得到支持，在这里他们感到非常舒服，觉得有把握；让他们去面对困难，但是难度要控制在一定范围内、一点点地增加，一点点地提升他们的能力，而不是一下子把他们压垮。

所谓把难度控制在一定范围内，举个例子，如果孩子碰到问题打电话来求助，家长可以建议他如何去处理，而不是立马冲过去把他"救出来"。举个例子，有一天，我那腼腆得要命的孤独症儿子在商店给我打电话，说他找不到防晒霜在哪儿。我告诉他，试试请工作人员帮他找找，语气要礼貌、坚决，不要犹犹豫豫的，不要问"能不能帮我……"，要用肯定句"我需要……"，因为这种句式往往比较好用。我还告诉他，如果不好用，就再打电话来，让他放心我不会丢下他一个人不管。他很勉强地同意说去试试。工作人员指点他找到了防晒霜那排货架。他马上就找到了要买的东西。回家以后，我夸他做得很棒，他说那件事"根本不算个事儿"。

培养抗挫折能力，还有一条需要注意的是要接受失败，要把失败看作是很正常的事，之后再继续前行。一定要让孩子明白，每个人都有遭遇失败的时候，尽管这很痛苦，但终究可以克服。还有一个很好的办法能强化这个理念，那就是使用字首组词"FAIL"，将"失败"这个词解读成"第一次尝试学习"①。下一节将要讨论的是，有些看起来很明显是转衔失败的案例，但是因为处理得当，最终也取得了很好的结果。

## 成人路上的不断纠偏

在孤独症孩子的进步道路上，再精明的父母也有可能走过弯路或者进过明显的死胡同。最初我们制订了发展规划，但是后来孩子的情况可能发生了变化（比如，超出或者没达到我们最初对他在学业/职业/社交方面的期望值，或者兴趣爱好变了，或者在意的东西变了）。也许家长的情况也发生了变化（比如退休了，时间多了，挣得少了；上岁数了或者健康出问题了，精力不那么充沛了）。也许亲子关系发生了变化，或者生活环境发生了变化。也许孤独症的研究有了新进展，我们有了新资讯，影响到了长远规划。也许有些干预方法的效果和家长预期的不一样，需要换个计划。不管是什么原因导致了意想不到的结果，都不要因此而失去信心。和孤独症孩子一起找到一条满意的人生道路，这个过程常常是蜿蜒而曲折的。接下来是几个我对接过的案例，从这些案例中可以看到，转衔明显失败的个案如何实现逆袭，孤独症孩子最终如何成长进步。

### 亚当

高中毕业之后没多久，亚当的父母就给他报名参加了省外一个强化治疗项目，希望能控制他严重的行为问题，（他们希望）再提高一下他

---

① 译注：英文"FAIL"有失败的意思，解读为"第一次尝试学习"（first attempt in learning），取英文短语中这几个单词的开头字母同样可以组成 FAIL。

找工作的积极性。经过专家的治疗，亚当的攻击性得到了控制，回家以后也比以前好管多了。但不幸的是，他不再积极找工作了，整天待在自己房间里玩电脑。几个月以后，父母找了本地一位咨询师。咨询师耐心地鼓励亚当在生活中尝试更多的事情，还提议亚当父母试试临时看护。一年以后，亚当工作了，冬天在一个动物救助中心当志愿者，夏天在本地一家农场摘水果，是带薪工作。在咨询师和父母的帮助下，他还发展了一些积极的社会关系。

## 杰克

再来看看本书第4章曾经提到过的杰克，一个很阳光的高功能孤独症青年，他很想成为一名工程师。虽然他已经离家上了大学，但是他不好意思在公众场合吃东西，没有办法参加小组活动，甚至生病的时候不会向同龄人求助，所有这些都让他没法再追求自己的工程师梦想了。但是，本地一家自动化机械公司招收他为学徒，这让他有机会把自己的机械技术用到喜欢的工作上。而且公司就在本地，很方便就能得到家里人和家乡人的帮助。

## 坎迪斯

坎迪斯高中最后一年学业勉强及格，生活自理方面很多事情都要依赖父母，但是在音乐方面却很有天赋。她学习不好，独立性也不行，所以父母不太赞成她上大学，但是她还是自己报名了难度很大的音乐表演专业。到了那里以后，她碰上了几个古怪而有才华的朋友，这些人都非常热爱音乐。坎迪斯很想赶上她的小伙伴们，也很想继续学习自己喜欢的专业，所以动力十足，独立能力和学业成绩都大大提高了，这让父母很是惊喜。

## 杰夫

本书第5章曾经提到过杰夫，他想要成为一名园林设计师，尽管爸爸付出了很多努力想要帮他找一份工作，但是他的节奏很慢，很难跟上其他同事的工作。不过，他在一个不同的地方（园艺店）找到了一份工作，这份工作让他的技术有了用武之地，而且工作节奏还不太紧张。新工作做得很好，这让他有了充裕的时间，在其他方面也赶了上来。

## 范妮

范妮梦想成为一名发型师，尽管她的精细运动能力很一般，而且因为没有语言，所以也不能跟客户交流。但是，她对头发有一种痴迷。于是，有位老师帮她在美发沙龙安排了一个安置项目，她在那里唯一能做的建设性的工作就是清扫地板。不过，因为她对头发非常痴迷，所以总能把地板扫得一根头发丝都不剩。所有的顾客都说，自从范妮来了以后店里看起来干净多了。后来，老板还教她怎么清洗定型设备、怎么打扫其他地方。尽管范妮有严重的残障，老板还是聘用了她，让她在那儿打零工。而工作之余，在家的时候，范妮还是会给自己的洋娃娃做各种发型。

上述案例都表明，成人之路上虽然可能会有一些弯路，但是终究不会妨碍这些年轻人走上光明大道。亚当尽管有着严重的心理健康问题，后来还是找到了有意义的工作，还发展了一些社会关系；杰克意识到自己需要离家近一点，方便得到辅助，之后也找到了喜欢的工作；而坎迪斯因为对音乐的热爱，慢慢提高了独立生活能力，不再需要那么多辅助；杰夫找到了适合自己的工作环境，能继续自己的专业爱好；范妮调整了自己的职业梦想，遇到了一位好心的老板，找到了工作，同时把自己最初的梦想变成了爱好。在这条路上，还有很多其他的沟沟坎坎、起起伏伏，这些挫折应该激发人的创造性思维，而不是让人陷入绝望。

对于有些年轻人来说，他们的未来很难预测。在这种情况下，如果不给孩子机会去尝试不同的教育或者职业之路，家长也不会知道事情会朝着什么方向发展。让他们去试试吧，即便这意味着如果发展不顺利，您要帮他们收拾残局。谁知道呢……说不定他们也会给您惊喜！

## 期望值要现实

现在我们知道了，孤独症谱系孩子将来还是有可能发展得不错的，但是知道这些并不见得就能对自家孩子信心满满了。原因之一就在于，具体到自家的情况时，家长常常很难判断自己的期望值应该是多少。应该找全职工作，还是打零工或者从事季节性工作，还是找点有意义的活动让他们每天有事可做、规律生活？社会性目标应该包括什么？应该独立生活，还是住在家里但有朋友、有社团活动？或者只是有几个朋友，仅仅别惹上官司就好？以自家孩子的情况而言，到底发展到什么程度才算是"足够好"？要回答这些问题不是那么简单的事。

而且，这个"足够好"要怎么定义呢？是应该由作为家长的我们来定义，还是最终由这些年轻人自己去定义？如果他们看起来挺快乐，而且和外界还有些交流，可能就算不错了，即便我们并不确定他们的学习和职业潜能是否得到充分发挥。可能他们需要自己来决定要不要再做更多，什么时候去做。同时，家长应该竭尽全力帮助他们应对日常生活中的困难，为他们小小的成功和快乐喝彩，让他们知道他们的进步让您多么骄傲和自豪。如果他们不用顾虑我们会不会失望，往往就会放开手脚，做得更多、更好。

另外，为了保证自己的身心状态，家长也应该注意把握好度，不要把全部的生活重心都放在孩子的未来发展上，时时刻刻围着他转。这个意思并不是说不用再给孩子提供合理化建议，也不用再给他打造关爱他的安全港，而是说不要再满脑子都是如何帮助孩子进步这件事，早上一睁眼睛就想、晚上闭上眼睛也想。把您过去曾经忽略的兴趣爱好、朋友关系，都重新捡起来吧。

至少让这个年轻人承担一点自己的责任，不要觉得什么都应该是家长负责。简而言之，不管是到什么程度，要让他成长。

家长放手去做，才会有新的希望。这种希望的基础，不是靠您想象有一天孩子能做什么，而是靠您亲眼看到他们现在做了什么。您想象中的那个孩子的样子可能永远不会变成现实了，所以跟他道个别吧。看着眼前这个脆弱的但独特至美的人，对他说声"你好"。这个人，尽管经历着这本书里描述的那么多苦难的折磨，依然还能微笑地看着你，这样的场景，让人心生喜悦、充满力量。

## 拾贝·宝典

### 上高中时和毕业以后

- 如果有家庭矛盾，可以请临时看护，也可以做婚姻咨询，或者双管齐下。
- 对照本章开头部分，看看自己有没有超负荷的迹象。如果有几项符合，那就试试简单的应对方法，比如多做些放松活动、恢复以前的社交联系、推掉不必要的活动、一次只处理一到两个问题，觉得孩子没有进步的话就做进一步的评估，努力调整自己的心态，采取书中所列的积极态度。如果有很多项都符合，就要咨询医生，看看有没有可能是心理健康问题。
- 如果和另一半相处得不够融洽，不能为孤独症孩子提供一个平和关爱、稳定一致的养育环境，那就尝试婚姻咨询。如果问题还没有那么严重，就试试本章开头列出来的建议。
- 家长要明白，作为孤独症孩子的兄弟姐妹，家里其他孩子可能经历着很复杂的情绪体验。要耐心地倾听他们的感受，体谅他们的痛苦，对孩子们尽量做到一碗水端平，多陪陪他们，尽量让他们感觉到自己对于父母来说是独一无二的。如果他们还是感到痛苦，那就做个咨询或者找个孤独症孩子兄弟姐妹互助组织。

- 在转衔过渡阶段，一定要让孤独症孩子觉得家人对他是接纳的，家是安全港；让他面对困难，但要把难度控制在一定范围内，承认失败、接受失败，这样才能锻炼抗挫折能力。
- 孩子在成人之路上，会走弯路或者走进明显的死胡同，要利用这些失败激发自己和孩子的创造性思维，而不是一蹶不振。
- 让孩子为自己的事情、自己的进步慢慢担起责任来，同时家长也要发展自己的兴趣爱好和社会关系。
- 期望值要现实，家长应该根据孩子目前的能力和状态调整期望值。

## 图书在版编目（CIP）数据

长大成人：孤独症谱系青少年转衔指南 /（加）凯塔琳娜·马纳西斯（Katharina Manassis）著；陈烽译. -- 北京：华夏出版社有限公司，2022.9
书名原文：Launching Your Autistic Youth to Successful Adulthood: Everything You Need to Know About Promoting Independence and Planning for the Future
ISBN 978-7-5222-0296-9

Ⅰ. ①长… Ⅱ. ①凯… ②陈… Ⅲ. ①孤独症－青少年教育－特殊教育－家庭教育 Ⅳ. ①G766②G782

中国版本图书馆 CIP 数据核字（2022）第 012744 号

Launching Your Autistic Youth to Successful Adulthood
By Katharina Manassis
Copyright © [Katharina Manassis, 2020]
This translation of '*Launching Your Autistic Youth to Successful Adulthood*' is published by arrangement with Jessica Kingsley Publishers Ltd
www.jkp.com

©华夏出版社有限公司　未经许可，不得以任何方式使用本书全部及任何部分内容，违者必究。

北京市版权局著作权合同登记号：图字01-2021-4165号

## 长大成人：孤独症谱系青少年转衔指南

| | |
|---|---|
| 作　　者 | ［加］凯塔琳娜·马纳西斯 |
| 译　　者 | 陈　烽 |
| 责任编辑 | 张红云 |
| 出版发行 | 华夏出版社有限公司 |
| 经　　销 | 新华书店 |
| 印　　装 | 三河市少明印务有限公司 |
| 版　　次 | 2022 年 9 月北京第 1 版　2022 年 9 月北京第 1 次印刷 |
| 开　　本 | 710×1000　1/16 开 |
| 印　　张 | 14.25 |
| 字　　数 | 178 千字 |
| 定　　价 | 59.00 元 |

华夏出版社有限公司　地址：北京市东直门外香河园北里 4 号　邮编：100028
网址：www.hxph.com.cn　电话：(010) 64663331（转）
若发现本版图书有印装质量问题，请与我社营销中心联系调换。